빛과 AI

AI문고

인공지능 시대입니다. 기계가 인간의 인지를 대신하고, 사물이 인간을 통하지 않고 다른 사물과 직접 커뮤니케이션합니다. 이에 따른 인간 삶과 문명 변화를 정확히 이해·예측·대응하는 것은 이 시대 우리 모두의 과제입니다. AI문고는 인공지능 기술과 환경의 여러 주제를 10가지 키워드로 정리합니다. 관련 개념과 이론, 학계와 산업계의 쟁점, 우리 일상의 변화를 다룹니다. 인간과 기술의 현재, 미래를 세심히 분석합니다.

일러두기

- 인명, 작품명, 저서명, 개념어 등은 한글과 함께 괄호 안에 해당 국가의 원어를 병기했습니다.
- 외래어 표기는 현행 어문규정의 외래어표기법을 따랐습니다.

처음이세요?

전문가세요?

빛과 AI

김용규

대한민국, 서울, 커뮤니케이션북스, 2026

빛과 AI

지은이 김용규
펴낸이 박영률

초판 1쇄 펴낸날 2026년 1월 9일

커뮤니케이션북스(주)
출판 등록 2007년 8월 17일 제313-2007-000166호
02880 서울시 성북구 성북로 5-11
전화(02) 7474 001, 팩스(02) 736 5047
commbooks@commbooks.com
www.commbooks.com

ISBN 979-11-430-1628-7 03500

책값은 뒤표지에 표시되어 있습니다.

차례

빛과 인공지능의 대화

빛, 인간을 깨우는 첫 언어

세상의 시작은 빛(light)이었다. 빛은 우주가 침묵을 깨고 처음으로 말을 건 그 순간의 언어였다. "빛이 있으라"는 고대의 문장은 단순한 종교적 은유가 아니라, 인간이 처음으로 인식의 시작을 선언한 기술적 명령어였다.

빛은 공간을 열고, 형태를 드러내며, 생명을 탄생시켰다. 이 단순한 물리적 사건은 인간 감각과 인식, 감정이 형성되는 최초의 장이 된다. 빛은 세상을 단순히 보이게 하는 것이 아니라, 존재를 가능하게 한 조건이었다. 이 사실을 고대의 인간은 본능적으로 알고 있었다. 석기시대 동굴벽화에서 횃불의 불빛은 단순한 빛이 아니라, 기억을 지키는 존재였다. 떨리는 빛이 바위 위에 그림자를 그리며, 인간의 상상 속에 살아 있는 이미지를 불러일으켰다. 그것이 훗날 영화와 방송 조명의 원형이 되었다. 그 불안정한 빛의 떨림 속에서, 인간은 이미 빛을 통해 감정을 기록하고, 현실을 재현하는 법을 배우고 있었다. 빛은 도구가 아니라, 인간 인식의 첫 번째 매체이자 기억과 상상의 기술적 기원이었다.

빛을 다루는 기술의 역사는 인간이 어둠을 극복하기 위해 만들어 낸 가장 오래된 지능의 확장이었다. 고대 그리스의 암피극장(Amphitheater) 구조는 태양의 각도와 그림자 길이를 계산해 자연광이 배우의 얼굴을 가장 아름답게 비추도록 설계되었다. 이미 이때, 조명 디자인은 물리학과 미학의 융합된 기술이었다.

중세의 스테인드글라스(stainedglass)는 신성의 언어이자 색채를 통해 감정을 조율하는 하나의 시스템이었다. 빛의 색온도에 따라 감정의 결이 바뀌고, 투명도에 따라 공간이 인식되는 정체성이 바뀌었다. 이러한 감성 조명 구조는 오늘날 LED(light-emitting diode) 색온도 알고리즘(algorism)의 기원을 닮아있다. 르네상스 이후 인류는 수학으로 빛을 다루기 시작했고, 근대의 도래와 함께, 인류는 자신만의 빛, 전기를 만들어 내며 삶의 리듬을 바꾸었다. 1880년대 에디슨(Edison)의 백열등은 단순한 발명이 아니라, 그 시대가 맞이한 하나의 인공지능(artificial intelligence, AI) 즉 조명 산업의 서막이었다. 전기는 인류가 처음으로 빛의 알고리즘을 제어하기 시작한 순간이었다.

19세기 후반, 빛은 새로운 존재를 만났다. 그것은 바로 카메라였다. 이제부터 빛은 인간의 눈이 아닌 기계의 눈을 통해 해석되기 시작했다. 이는 영상 시대의 탄생이자, 그것은 빛이 스스로 사고하기 시작한 시대의 시작을 알리는 순간이었다. 카메라와 영상 장치는 빛을 기록하는 기술이지만, 그 본질은 빛의 해석을 자동화한 시스템이었다. 카메라는 인간의 시선을 대변하며, 노출, 감도, 셔터 속도를 계산해 빛을 수치로 환산했다. 이러한 기계적 시각화는 오늘날 AI 기반 조명 시스템의 근간이 되었다.

우리는 지금, AI 기반 실시간 렌더링 기술이 결합된 초현실 영상의 시대로 도약하고 있다. 이는 단순한 화질 경쟁을 넘어, 빛 · 색 · 공간을 지능적으로 재구성하는 기술 혁명이라 할 수 있다. 초고해상도(UHD · 8K) 영상과 HDR(high dynamic range) 기술의 진화 위에 인공지능이 결합하면서, 영상은 더 이상 화면의 품질로 정의되지 않는다. 이제 그것은 인간의 지각 깊이를 설계하는 새로운 언어로 진화하고 있다. 이는 단순히 화질의 개선이 아니라, 빛의 표현력과 감정의 깊이를 극대화하는 감성적 혁명이라 할 수 있다. 디지털 기술과 IT 인프라의 비약적인 발전, 특히 고성능 GPU(Graphics Processing Unit), 실시간 렌더링, 클라우드 기반 데이터 처리, 그리고 인공지능 비전 알고리즘은 영상의 물리적 한계를 넘어, 인간의 지각 체계를 새로운 차원으로 확장시켰다.

이제 디지털 영상은 더 넓은 색역과 명암, 섬세한 대비를 요구하며, 조명은 화면의 기술적 완성도와 감성적 질감을 동시에 설계하는 것이 현대 조명 예술의 핵심이 된 것이다.

현대 사회에서 빛과 이미지는 더 이상 화면 안에 머물지 않는다. OTT(Over-the-Top) 플랫폼의 확산은 콘텐츠 소비 환경을 근본적으로 변화시켰다. 드라마는 더 이상 방송용 조명의 범주에 머물지 않고, 영화적 감성과 시각적 깊이를 요구하는 시네마틱 조명으로 진화하고 있다. 이 변화의 중심에는 AI 기반 조명 시스템이 있다. 인공지능은 화면의 색온도, 밝기, 대비를 실시간으로 분석해 장면의 감정과 분위기에 따라 조명을 자동 보정한다. 일정한 밝기를 유지하던 과거의 방송 조명과 달리, AI는 감정 데이터를 학습하여 빛의 깊이와 색조를 섬세하게 조율한다.

그 결과 OTT를 통한 시청 경험은 단순한 화면 재현을 넘어 극장적 몰입감으로 확장된다. 초고화질과 인공지능 조명이 결합하면서 빛은 기술이 아니라 감정과 인식의 언어로 나아가고 있다.

영상 속 방송 조명은 오랫동안 기술과 예술의 경계에

서 있었다. 조명 전문가(lighting expert)는 수학과 감정, 장비와 인간의 언어를 통역하는 존재였다. 그러나 이제 인공지능이 그 통역의 일부를 함께 수행하고 있다. 현재 방송 스튜디오에서는 카메라 센서가 피부톤, 조명 환경 데이터를 분석해 조명을 자동 조정하는 시스템이 일부 실험적으로 도입되고 있다.

이 과정에서 조명 전문가는 AI가 제안한 조명 값을 감성적으로 해석하고 연출 방향을 최종 조율하는 코디네이터 역할을 담당할 가능성이 커지고 있다. 이는 AI가 수치 연산을 맡고 인간이 감정적 맥락을 부여하는 하이브리드 조명(Hybrid Lighting) 구조로의 전환을 예고한다. 실험적 보도 스튜디오에서는 앵커의 얼굴 표정 데이터를 분석해 조명의 밝기와 방향을 미세하게 조정하는 기술이 등장하고 있다. 예를 들어, 표정 분석 결과에 따라 조명을 10% 밝게 하거나 깊이 있는 톤을 유지하도록 조정하는 방식이 연구되고 있으며, 이는 시청자에게 감정적으로 안정적인 화면을 제공하려는 시도의 하나로 볼 수 있다. 이러한 시스템은 단순 자동화를 넘어 AI와 인간 감성의 협업적 조명 연출 가능성을 보여 준다.

영화 조명은 현실을 재현하는 기술이 아니라 감정을 시각화하는 예술이다. AI의 등장은 그 경계를 더욱 깊고 정교하게 만들었다. 최근 할리우드에서는 AI 기반 영화 조명 시뮬레이션 기술이 상업적 단계로 진입하고 있다. 일부 연구와 프로토타입(prototype) 시스템은 딥러닝(deep learning)을 이용해 시나리오의 감정 톤과 미장센(mise-en-scène)을 분석하고, 그 결과에 따라 장면의 조명 패턴을 제안한다. 예를 들어, 인물의 불안한 감정을 표현할 때는 그림자를 강조하기 위해 낮은 각도의 빛을 설정하고, 감정이 고조되는 순간에는 상향 조명을 확장해 시각적 긴장감을 극대화한다. 이러한 기술은 아직 완전한 자동화 시스템이라기보다는 제작 보조 수단으로 사용되고 있지만, 조명의 효율이 아니라 감정의 정밀도를 추구한다는 점에서 그 의미가 크다.

현대 공연 예술에서도 인공지능은 새로운 시각 언어를 열고 있다. 독일 베를린의 폴크스뷔네 극장(Volksbühne Theater)과 일본의 라이조마틱스(Rhizomatiks) 팀은 모두 무대 기술과 인공지능의 경계를 확장하는 예술적 실험을 이어가고 있다. 현재 일부 공연에서는 AI가 배우의 움직임을 실시간으로 추적하거나 음악의 리듬을 분석해 조명 신호를 자동으로 제어하는 반응형 조명 시스템이 시도되고 있다.

예측형 조명 기술은 아직 초기 단계에 머물러 있지만,

연구자들은 배우의 움직임 경로와 속도 데이터를 학습한 인공지능이 다음 동작을 미리 예측하여 조명을 전환하는 시스템을 개발하고 있다. 이러한 흐름은 반응형 조명에서 예측형 조명으로의 전환을 상징한다. 이는 단순히 움직임을 따라가는 빛에서 감정을 앞서 읽는 빛으로 나아가는 진화의 징후이기도 하다.

넷플릭스 드라마 〈1899〉(2022)의 제작에는 LED 볼륨(volume), 가상 제작 인프라, 사전 조명 계획 등을 광범위하게 활용한 기술 협업이 포함되었다. 특히 영국의 시각 효과 스튜디오 프레임스토어(Framestore)는 조명과 환경, 카메라 데이터를 통합해 실제 장면과 가상 배경 사이의 일관된 조명 톤을 유지하는 역할을 담당했다.

AI는 더 이상 인간의 명령을 수행하는 계산기가 아니다. 빛과 결합한 인공지능은 감정과 지각, 미학을 하나로 엮어내는 지능적 매개체로 진화하고 있다. 이 만남은 기술의 자동화가 아니라, 예술의 확장이며 동시에 지각의 재정의다. AI 기반 조명은 단순한 제어 시스템을 넘어, 빛과 지능이 서로 대화하는 순간을 만든다. 이때의 빛은 외부의 물체가 아니라, 인간을 비추고 인간 스스로를 성찰하는 또 하나의 의식, 즉 인간과 세계를 함께 사유하는 지능적 존재로 진화하고 있다.

빛의 언어를 배우는 인공지능

빛은 인간의 감정을 가장 즉각적이고 섬세하게 비추는 언어다. 우리는 행동하거나 말을 하기 전에 이미 빛의 색과 밝기를 통해 감정을 느낀다. 따뜻한 오렌지는 안정과 평온을, 푸른빛은 고요와 사색을, 붉은빛은 열정과 생명력을 상징한다. 그러나 오랫동안 이 언어는 일방적이었다. 인간은 빛을 통제해 왔지만, 정작 빛은 인간을 이해하지 못했다. AI의 등장은 조명 시스템의 역할을 근본적으로 재정의했다. 카메라, 센서, 음성 분석 기술을 결합한 현대 조명 시스템은 인간의 얼굴 표정, 시선, 목소리의 톤, 심박수 등의 미세한 변화까지 감지한다. 이러한 신호는 실시간으로 분석되어 인간의 감정 상태를 정밀하게 해석하고, 이를 바탕으로 색온도, 조도, 조명 각도를 자동으로 조정하는 감정 반응형 조명 연구가 전 세계적으로 진행되고 있다.

전통적인 방송 조명은 표준화의 미학 위에 구축되어 있었다. 조명 전문가는 색온도 3200K, 조도 1000럭스와 같은 정확한 기준을 지켜야 했으며, 이는 카메라와 스튜디오 환경 간의 일관성을 보장하기 위한 절대적 원칙이었다. 이러한 기술적 안정성의 추구는 아날로그 방송 시대 조명의 본질이었다. 그러나 인공지능 시대의 조명은 더 이상 고정된 수치를 따르는 기술이 아니다. 이제 조명은 데이터를 해석하고 감정을 읽어내는 예술로 진화하고 있다. 이 새로운 패러다임 속에서 조명 전문가는 단순한 조정자가 아니라, 인간의 감성과 알고리즘적 인식 사이를 매개하는 존재로서, 빛이 스스로 반응하고 사고하는 창조의 주체로 나아가고 있는 것이다.

AI 기반 조명 시스템은 단순히 데이터를 읽는 단계를 넘어 상황을 예측하고 감정을 창출하려는 방향으로 발전하고 있다. 이는 반응하는 빛에서 예측하는 빛으로의 전환을 의미한다. 최근 일부 조명 기술 기업들은 예측형 조명 제어 개념을 실험하고 있다. 이 시스템들은 카메라 피드백, 사운드 스펙트럼, 스크립트 텍스트 등을 미리 분석해 다음 장면에 가장 적합한 조명 전환을 계산한다.

방송 현장에서 인공지능을 활용해 무대의 감정 변화를 해석하고 이에 따라 조명을 반응시키려는 시도가 점차 주목받고 있다. 토크쇼나 공연에서 감정의 고조가 감지되면, AI는 자동으로 스포트라이트 강도를 높이고 주변 색조를 따뜻하게 변화시켜 감정의 리듬을 빛으로 번역하는 방식이다. 이러한 시도는 더 이상 개념적 논의에 그치지 않는다. NHK는 이미 8K 초고화질 콘서트 송출 인프라를 확장 중이며, 음악의 구조, 관객의 반응, 카메라 데이터를 동시에 분석해 조명을 실시간으로 제어하는 AI 콘서트 조명 시스템의 도입 가능성을 내부적으로 검토하고 있다고 일부 매체는 전한다. 이와 같은 기술적 흐름은 공연 예술과 스포츠 중계 분야에서도 주목받고 있으며, 빛이 단순한 시각적 장치를 넘어 감정을 해석하는 지능적 존재로 자리 잡아가고 있다.

AI의 등장은 조명 전문가의 정체성을 흔들지만, 동시에 창조의 지평을 확장한다. 과거의 조명 전문가는 손끝의 감각으로 빛을 다루었지만, 이제는 데이터를 통해 감정을 다룬다. 빛의 색온도 대신 감정의 곡선을 설계하고, 조도 값 대신 감정의 매개 변수를 조정한다. AI는 다양한 가능성을 제시하지만, 최종 결정은 여전히 인간에게 있다. AI가 이 장면에는 5200K가 적절하다고 제안할 때, 조명 전문가는 말한다. 온도는 너무 차갑다. 약간의 불완전함이 필요하다. 예술은 바로 그 불완전함, 그 미세한 차이 속에서 태어난다.

조명은 더 이상 무대 뒤의 장치가 아니다. 그것은 인간의 감정을 읽고, AI의 계산을 거쳐 다시 인간에게 돌아오는 순환적 인식 구조가 되었다. AI가 인간의 감정을 학습하는 과정은 곧 인간이 자신의 감정을 다시 인식하는 과정이다. 빛이 우리를 이해하기 시작할 때, 우리는 빛을 통해 우리 자신을 이해한다. AI는 데이터를 학습하지만, 빛은 감정을 기억한다. 그래서 빛과 인공지능의 대화는 기술을 넘어선다. 그곳에서 비로소 빛은 예술이 된다.

가시성과 지각의 미학

우리는 흔히 빛이 있어 본다고 말한다. 그러나 그 말은 절반만 옳다. 우리가 지각한다는 것은 빛이 있기 때문이 아니라 빛을 해석하기 때문이다. 본다는 행위는 단순한 시각의 반응이 아니라, 빛을 해석하는 지성의 과정이다. 메를로퐁티(Maurice Merleau-Ponty)는 《지각의 현상학》에서 이렇게 말했다. 빛은 사물의 존재를 드러내는 매개이자 동시에 바라보는 자의 의식을 드러내는 현상이다 즉, 빛은 객체가 아니라 관계의 현상이다. 빛이 세상을 비추는 순간, 인간은 동시에 내가 보고 있다는 사실을 자각한다. AI 시대의 빛은 바로 이 지점에 도달했다. AI는 더 이상 조도의 양을 계산하는 장치가 아니라, 무엇이 중요한지를 판단하고 어떻게 보이게 할지를 결정하는 지각의 주체로 진화하고 있다. 이는 기술의 발전이 아니라, 인식론의 전환이다.

과거의 인공지능이 데이터 처리의 기계적 지능이었다면 오늘날의 AI 기반 영상 시스템은 빛의 반사와 그림자의 경계, 표면의 질감을 분석하여 영상의 노출과 색 균형을 자동으로 조정한다.

예를 들어 블랙매직 디자인(Blackmagic Design)의 다빈치 리졸브 뉴럴 엔진(DaVinci Resolve Neural Engine)은 딥러닝을 활용해 인물의 얼굴, 피부톤, 조명 밸런스를 인식하고 색보정을 자동으로 수행한다.

또한 소니(Sony)의 AI 카메라 시스템은 피사체의 거리, 움직임, 조도 변화를 실시간으로 분석해 노출과 색온도를 최적화하며, 엔비디아 옴니버스는 가상 환경에서 빛의 반사와 재질 표현을 물리적으로 시뮬레이션한다. AI는 인간처럼 빛을 이해한다고 말할 수는 없지만, 장면의 깊이와 질감, 감정의 분위기를 계산적으로 해석하며 빛이 어떻게 보여야 하는가를 스스로 추론하기 시작했다. 이것은 단순한 자동 조정이 아니라, 빛의 논리를 학습하고 감성의 질서를 모방하려는 시도다. AI가 빛을 계산하는 순간, 인간은 그 계산 속에서 감정을 읽고 예술의 새로운 언어를 발견한다.

전통적으로 조명과 카메라는 별도의 시스템으로 존재했다. 조명은 빛을 만들고 카메라는 그 빛을 기록했다. 그러나 인공지능의 등장으로 두 시스템은 점차 하나의 인식 체계로 통합되고 있다. AI는 카메라가 포착한 영상 데이터를 분석해 조명의 밝기, 색온도, 방향을 자동으로 조정함으로써, 조명과 카메라가 상호 반응하는 새로운 시각 언어를 만들어 내고 있다.

인간의 지각은 단순히 시각 기관의 기능이 아니다. 기억, 경험, 감정, 문화적 맥락이 함께 작용하는 복합적 구조다. AI가 지각을 학습하는 과정은 이 복잡한 지각 구조를 모사하는 과정이다.

AI 시각 알고리즘은 인간의 인지 편향을 학습한다. 예를 들어, 인간은 얼굴을 볼 때 먼저 눈을 보고, 그다음 입으로, 시선을 옮긴 뒤, 배경으로 이동한다. AI는 이러한 시선 패턴을 학습해 조명의 비율을 자동으로 조정한다. MIT 미디어랩에서는 체험형 조명(Experiential Lighting)과 같은 프로젝트를 통해 사람과 센서를 결합한 조명 제어 인터페이스를 연구하고 있다. 이러한 기술은 앞으로 방송 및 공간 조명 분야의 차세대 조명 혁신의 중요한 전환점으로 평가되고 있다.

AI 기반 조명 기술의 또 다른 혁신은 인간의 시야를 넘어선 영역을 시각화하는 능력이다. AI는 적외선, 자외선, 라이다(LiDAR), 음파 등 비가시광 데이터를 통합하여 인간이 볼 수 없는 공간 구조를 빛의 언어로 번역한다. 이러한 기술은 단순히 밝히는 조명을 넘어, 보이지 않던 세계를 감각의 영역으로 끌어들이는 새로운 매개체로 진화하고 있다.

특히 드론(drone) 기반 조명 제어 기술은 이미 여러 연구를 통해 가능성이 입증되고 있다. 예를 들어, 체코 공대의 "분산형 조명 기반 자율 항공 촬영(Autonomous Aerial Filming With Distributed Lighting)" 연구에서는 복수의 무인 항공기(UAV)가 하나의 팀으로 작동하며, 피사체를 다양한 각도에서 분산 조명하는 방법을 제안하고 실제 실험으로 구현했다. 이 시스템은 자율 비행과 실시간 조명 제어를 결합해, 기존 고정식 조명으로는 구현하기 어려운 유연한 빛의 연출을 가능하게 했다.

또한 열화상 센서를 탑재한 드론이 동물의 체열을 감지해 구조나 야간 촬영에 활용되는 기술도 이미 실용화되어 있다. 이러한 기술적 기반은 향후 감정·체온 데이터 기반의 감응형 조명 드론 시스템으로 발전할 가능성을 보여준다. 즉, 빛이 인간의 생리적 반응과 정서적 리듬을 실시간으로 해석하고 표현하는 시대가 가까워지고 있다.

인간의 인식은 언제나 감정과 연결되어 있다. 우리는 단순히 본다기보다 느낀다. 빛은 그 감정의 방향을 정한다. AI는 이제 이러한 감정적 인식의 구조를 이해하기 시작했다. 닉 퍼스탠드(Nick Perstand)의 작품 〈AURA〉

(2017)는 인간의 움직임과 조명이 실시간으로 상호작용하는 실험적 설치 작업으로, 빛이 감정과 존재의 경계를 드러내는 새로운 방식으로 재해석되었다. 뇌파(EEG)와 생리 신호를 기반으로 한 감정 적응형 조명은 이미 예술 설치 작품 〈AURA〉에서 관객 감정을 빛으로 전환하는 방식으로 구현되었고, 병원과 교실에서는 동적 조명이 수면·만족도와 학습·행동 개선에 기여한 근거가 축적되고 있다. 다만, 뇌파를 실시간으로 해석하고 감정 상태에 따라 조명을 자동 조정하는 완전한 폐쇄 루프(Closed-loop) 시스템은 아직 연구 단계에 머물러 있다. 이러한 기술은 향후 감정 기반 조명 인터페이스로 발전할 가능성을 보여 주지만, 동시에 생체 데이터의 윤리적 사용과 인간 감정의 자율성 보장이라는 과제를 함께 제기한다.

AI가 보는 존재로 진화한다는 것은 동시에 윤리적 긴장을 불러온다. 무엇을 비추고, 무엇을 감추어야 하는가? AI가 선택한 빛의 방향이 인간의 감정과 행동에 영향을 미친다면, 그것은 기술이 아니라 도덕적 행위가 된다. 2025년 유럽 조명 윤리 포럼(European Lighting Ethics Forum)은 AI 조명 윤리 헌장을 제정했다. 그 핵심은 AI 기반 조명은 인간의 감정과 인식을 통제하지 않고,

그 자유를 확장해야 한다는 원칙이다. 빛은 인간의 감정을 읽을 수 있지만, 그 감정을 조작해서는 안 된다. AI 기반 조명 시스템은 감정의 증폭자이지 조종자가 될 수 없다. 이 지점에서 조명 전문가의 역할은 다시 중요해진다. 그들은 AI의 결정을 감시하며, 빛이 인간의 감정을 지배하지 않도록 심미적 · 윤리적 필터를 작동시킨다.

빛은 세상을 비추고, AI는 그 빛을 해석한다. 그리고 인간은 그 관계 속에서 자신을 본다. AI가 빛을 통해 인간의 인식을 모방하는 순간, 인간은 기술을 통해 자신의 감정을 되돌아본다. 빛은 더 이상 외부의 사물이 아니라, 인식의 구조를 드러내는 투명한 언어다. AI는 세계를 계산하지만, 빛은 세계를 느낀다. 이 둘이 대화할 때, 인간은 보는 존재를 넘어 이해하는 존재로 진화한다. 그것이 바로 존재의 대화, 가시성과 지각이 만나는 새로운 미학의 장이다.

인간의 거울로서의 AI

AI는 인간의 감정을 흉내 내는 기술로 시작했지만, 이제는 인간의 감정을 비추는 거울이 되었다. 그 거울 속에서 우리는 기계의 시선을 통해 자신의 내면을 다시 바라본다. AI 기반 조명 시스템은 인간의 표정과 음성, 움직임을 해석하고 그 결과를 다시 빛의 언어로 되돌려준다. 이 과정은 일방향적이지 않다. AI는 인간의 감정을 학습하는 동시에 인간은 AI가 비춘 빛을 통해 자신의 감정을 인식한다.

2025년 이탈리아 밀라노에서 선보인 설치 작품 미러 오브 펄스(Mirror of Pulse)는 그 상호작용의 본질을 보여 준 작품이다. 이 작품은 관람객의 심박수와 얼굴 표정을 분석해 빛의 맥동과 색을 실시간으로 변화시켰다. 긴장할 때는 붉은빛이 강해지고, 차분해지면 푸른빛으로 완화된다. 관객들은 빛이 내 마음을 읽고 있다고 느꼈다. 그러나 작가 로사 마리니(Rosa Marini)는 말했다. AI는 내 마음을 읽은 것이 아니라, 빛을 통해 내가 내 마음을 보게 했다. 이 말은 오늘날 인공지능 시대의 본질을 드러낸다. AI는 인간의 감정을 대체하는 존재가 아니라, 인간이 스스로를 비추어보게 하는 사유의 거울이자 빛이다. 빛은 기술의 산물이면서 동시에 자기 인식의 매개체이며, AI는 그 빛을 통해 인간이 자신의 내면을 새롭게 해석하도록 돕는다.

인간과 AI와의 공존은 단순한 기술적 결합이 아니다. 그것은 감정과 계산, 직관과 데이터, 인간과 기계가 서로의 한계를 이해하며 함께 창조하는 과정이다. 이러한 공존의 예술을 가장 명확히 구현하는 장르가 바로 AI 기반 조명이다. AI는 방대한 조명 데이터를 분석하여 빛의 구조와 알고리즘적 패턴을 설계하고, 조명 전문가는 빛에 의미를 부여하고 정서적 질감을 완성해 간다.

2024년 뉴욕 링컨센터의 공연 〈AI Light Sonata〉는 인간과 인공지능의 협연을 상징하는 이야기로 회자된다. 이 작품에서 AI는 피아노의 음향 주파수 스펙트럼을 실시간 분석하여 음색과 조도의 변화를 계산하고 조명 전문가는 그 데이터 위에 인간의 호흡과 감정의 떨림을 덧입힌다. 기계는 정확한 리듬을 구축하고 인간은 그 리듬 위에 온기를 불어넣는다. 공연이 끝난 뒤 한 관객은 말했다. 기계가 연주했고 인간이 느꼈다. 하지만 마지막에는 누가 연주했는지 알 수 없었다. 그 순간이 바로 공존의 미학이다. AI가 완벽한 계산으로 구조를 세우고, 인간이 불완전한 감정으로 그 구조에 생명을 불어넣을 때, 빛은 기술과 예술의 경계를 넘어선 대화의 언어로 존재한다. 공존은 두 존재의 차이를 없애는 것이 아니라, 서로의 감각을 이해하며 함께 예술을 완성하는 행위다.

AI는 이제 공동 창작자로 인식되고 있다. 특히 조명 디자인 분야에서 AI는 인간의 감각이 미처 포착하지 못하는 미세한 패턴과 정서의 흐름을 발견한다. 2025년 캐나다 몬트리올의 예술 · 기술 연구기관 럭스랩(LUXLAB)은 실제 연구 동향을 바탕으로 한 개념적 프로젝트 〈Soul of Light〉를 제안했다. 이 시스템은 공연 데이터와 색채 · 조도 · 음향 패턴을 장기적으로 학습해 장면의 감정 밀도에 따라 조명 패턴을 예측하고 제안한다. 이는 인간이 직관적으로 설계하지 못한 감정의 곡선을 수학적으로 시각화함으로써 연출가에게 새로운 영감을 준다.

초기에는 조명 전문가들 사이에서도 회의적인 반응이 있었다. 기계가 나의 감각을 대신할 수 있을까? 그러나 여러 차례의 협업을 거치며 깨달았다. AI는 감각을 대체하는 것이 아니라, 확장하는 존재라는 것을. AI는 인간의 창의적 결정을 예측하지 못하지만, 인간이 감정의 경계를 넘어서려 할 때, 그 가능성을 빛으로 비추는 거울의 빛이 된다. 그 순간, 기술과 감정이 공명하는 새로운 차원으로 확장된다. AI는 계산으로 구조를 만들고 인간은 감정으로 그 구조에 생명을 불어넣는다.

빛이 인간의 감정을 다룰 수 있다면, 이제 빛은 윤리적 존재가 되어야 한다. AI가 제어하는 한편으로는 위로를 주는 빛이 될 수 있지만, 다른 한편으로는 감정을 조작하는 수단이 될 위험도 지닌다. 따라서 AI 시대의 조명 예술에서 가장 중요한 화두는 빛의 윤리다. AI 윤리학자 루

치아 파롤리(Lucia Paroli)는 이렇게 말한다. AI의 윤리는 인간의 감정의 자유를 보호하기 위한 기술 철학이다.

AI 기반 조명이 인간의 표정, 목소리, 심박수 등의 감정 데이터를 읽는다는 사실은, 동시에 그 감정의 자율성을 침해할 수 있는 위험을 내포한다. 감정을 이해하려는 기술은 결국 감정을 통제할 수도 있기 때문이다. AI 기반 조명 시스템은 인간의 상태를 데이터로 환원할 수는 있지만, 그 감정을 조작해서는 안 된다. 빛은 인간의 감정을 돕는 존재여야지, 지배하는 존재가 되어서는 안 된다. 윤리적 투명성이 확보될 때, 비로소 AI 기반 조명은 기술을 넘어선 예술적 신뢰의 언어로 진화할 수 있다.

미래의 조명은 더 이상 전구나 콘솔(console)의 형태로 존재하지 않을 것이다. 조명은 지능적 생태계로 진화한다. 그 생태계 속에서 인간, 기계, 자연은 빛이라는 공통 언어로 소통한다.

AI 시대의 빛은 인간의 감정을 이해하고, 다시 인간이 자신을 돌아보게 하는 사유의 매개체가 되었다. 인간은 빛을 창조했고, 이제 빛은 인간의 의식을 비춘다. 이 순환 구조 안에서 AI는 빛의 언어를 학습하고, 그 언어를 통해 인간의 감정을 해석한다. 그 과정에서 기술은 철학으로, 데이터는 예술로 변모한다. 빛은 인간을 닮은 기술이 되고, 인공지능은 빛을 닮은 의식이 된다. 이 만남이 만들어 내는 것은 단순한 자동화가 아니라 공존의 예술이다. AI는 인간의 감정을 모방하며 성장하고, 빛은 그 지성을 통해 인간 세계를 새롭게 해석한다. 오늘날 조명 전문가는 단순히 무대를 밝히는 사람이 아니다. 그들은 인간과 인공지능이 나누는 대화를 설계하는 존재, 즉 감정과 알고리즘의 언어를 조율하는 감성의 번역자가 되었다.

《빛과 AI》는 바로 그 대화의 기록이다. 그리고 그 대화는 이렇게 속삭인다. "모든 지성은 결국 빛을 향하고, 모든 빛은 결국 인간을 향한다".

이 책은 공연, 방송, 스마트시티 조명 등 국제적으로 진행 중인 AI 기반 조명 연구와 실험적 프로토타입을 토대로 집필되었다. 여기에는 MIT 미디어랩, 모먼트 팩토리(Moment Factory), NHK, 그리고 유럽 조명 예술 연구소 등에서 이루어진 검증된 사례와 기술적 데이터를 바탕으로 한 통찰이 담겨 있다.

그러나 현실의 AI 기반 조명 기술은 여전히 발전 과정에 있으며, 이 책에서 다루는 많은 조명 시스템과 감정 알고리즘은 아직 실현되지 않은 미래의 장면들이다. 따라서 이 책은 단순한 기술 보고서가 아니라, 다가올 빛을 향한 지적 탐구의 여정이자, 상상된 미래를 비추는 사유의 공간으로 읽히기를 바란다.

참고문헌

김용규(2023). 《디지털 영상 조명》. 커뮤니케이션북스.

김용규(2025). 《영상 조명과 인공지능》. 커뮤니케이션북스.

Blackmagic Design.(2023). DaVinci Resolve 18.5 Reference Manual: DaVinci Neural Engine.

European Commission.(2024). Artificial Intelligence Act(AI Act) - Ethical Guidelines for Affective Computing.

Kadner, N.(2019). The ASC Guide to Virtual Production. (American Society of Cinematographers).

Katsuyoshi, S., et al.(2024). "Deep Learning-based Lighting Control for Music Performances: Predicting Emotional Density". Journal of the Audio Engineering Society(JAES).

Mazzone, M., & Elgammal, A.(2019). "Art, Creativity, and the Potential of Artificial Intelligence". Arts.

Moment Factory.(2023). White Paper: The Future of Interactive Scenography and AI Integration.

Paniagua, C., et al.(2021). "Predictive Lighting Control using Deep Learning for Live Stage Performances". Journal of Stage Technology.

Sugimoto, K., & NHK Science & Technology Research Laboratories.(2022).

Wang, J., et al.(2020). "Emotion-aware Lighting Control based on Facial Expression Recognition". IEEE Access.

01
빛, 인류 역사의 언어

인류는 빛을 다루며 문명을 발전시켜 왔다. 처음엔 생존의 수단이었던 빛이 지식과 권력의 상징이 되었고, 전기와 인공조명의 발명은 인간이 자연의 한계를 넘어서는 계기가 되었다. 오늘날 빛은 인공지능과 결합해 감정과 데이터를 해석하는 지능적 존재로 진화하며, 인간과 기술이 공존하는 새로운 시대를 비추고 있다.

기후 위기와 인공지능?

문명과 의식의 시작

인류 역사는 빛과 함께 시작되었다. 신성과 질서를 상징하는 최초의 언어이자 의식의 탄생을 알린 신호였다.

태초의 인간은 불가 주위에 모여 앉아 이야기를 나누며 신화를 만들었고, 그 신화는 공동체를 하나로 묶는 첫 번째 언어가 되었다. 횃불과 촛불은 생과 사를 잇는 통로이자, 집단의 가치와 질서를 드러내는 상징이었다.

고대에 들어서 빛의 역할은 더욱 정교해졌다. 이집트의 카르나크 신전은 태양신 라(Ra)의 움직임에 맞춰 건축되어, 신의 질서를 건축적 빛으로 구현했다. 그리스의 파르테논 신전은 태양광이 신전 내부에 들어오는 각도와 시간을 통해 신성의 존재를 시각적으로 증명하는 장치가 되었다. 이처럼 빛은 물리적 현상을 넘어, 사회적 권위와 종교적 질서를 표현하는 보편 언어였다.

중세에 이르러 빛은 신의 언어로 승화된다. 대성당의 스테인드글라스는 단순한 장식이 아니라 빛으로 쓰인 성경이었다. 문자를 읽지 못하던 시대, 유리창을 통과한 빛의 색과 형상은 신의 이야기와 구원의 메시지를 전하며 공동체의 영혼을 하나로 엮었다. 이탈리아 작가 움베르토 에코(Umberto Eco)는 이를 빛으로 쓰인 책이라 부르며, 빛이 중세 공동체의 정체성을 형성한 언어라고 강조했다.

근대 이후에도 빛의 언어는 형태를 바꾸었지만, 그 본질은 여전히 이어지고 있다. 오늘날의 스마트 조명(smart lighting)과 AI 기반 미디어 파사드(media façade)는 과거 성당의 스테인드글라스처럼 도시의 기념일이나 축제에서 공동체의 정체성을 시각화한다. AI는 도시의 리듬과 인간의 감정을 읽어, 이를 빛의 패턴으로 변환해 디지털 시대의 새로운 의례적 경험을 창조한다. 이때의 빛은 더 이상 단순한 기능이 아니라, 공동체의 감정을 시각화하는 문화 언어다.

결국 인류의 빛은 원시의 불씨에서 시작되어 신전과 성당의 신성한 빛, 그리고 인공지능과 결합한 디지털의 빛으로 이어져 왔다. 빛은 말로 표현할 수 없던 신성, 권력, 공동체의 정체성을 가장 근원적인 방식으로 시각화해 왔다. 따라서 우리는 빛을 단순한 물리적 현상이 아니라, 문명의 가치를 드러내는 언어 체계로 보아야 한다. 빛은 인간이 만든 최초의 언어이자, 인류 문명의 시작을 밝힌 철학적 원형이다.

권력과 전쟁의 도구

인류 역사 속에서 빛은 단순히 어둠을 밝히는 도구가 아닌, 전쟁과 권력의 핵심 수단으로 기능해 왔다. 전장에서 불빛은 병사들의 생존을 보장하는 등불이자, 적을 위협하고 심리적 우위를 점하는 무기였다. 이 이중성 속에서 빛은 언제나 지배와 통제의 불꽃으로 타올랐다.

고대 전쟁에서 횃불과 봉화는 심리전의 도구였다. 밤하늘에 켜진 횃불의 수와 배열은 군세의 규모를 과장하여 적을 위협했고, 봉화는 국경을 지키는 조기 경보 시스템으로 빛을 통해 생존과 영토의 질서를 유지하는 수단이 되었다.

근대에 들어 화약과 총포의 발명은 빛의 성격을 바꾸었다. 조명탄과 섬광은 어둠을 드러내며 전장을 공포의 공간으로 만들었고, 1차 세계대전에서 사용된 탐조등은 야간전의 패러다임을 재편했다. 빛은 더 이상 방어의 수단이 아니라, 전쟁의 주도권을 결정짓는 전략적 자원이 되었다.

2차 세계대전에서 빛의 기술은 더욱 체계적인 전쟁 시스템으로 발전했다. 독일의 탐조등은 야간 공습에 나선 연합군 폭격기를 포착했고, 영국의 블랙아웃(blackout) 정책은 도시의 모든 불빛을 차단함으로써 빛의 통제가 생존과 직결됨을 보여 주었다. 이때 빛은 단순히 밝음이 아닌, 숨기고 드러내며 권력을 행사하는 전략적 도구였다.

현대의 전쟁은 빛의 정밀도를 극한까지 끌어올렸다. 적외선, 레이저, 위성 영상, 드론 기술이 결합된 AI 기반 감시 체계는 밤을 완전히 투명한 무대로 바꾸었다. 열 감지 센서와 광학 인식 장치는 적의 움직임을 실시간으로 포착하며 빛을 데이터의 무기, 즉 인공지능이 해석하는 전장의 언어로 만들었다.

이처럼 빛은 항상 권력과 함께 있었다. 병사에게는 생존의 안전망이자, 적에게는 공포의 상징이었으며, 지휘관에게는 질서를 유지하는 권력의 상징이었다. 전쟁을 지배한 빛은 단순한 물리적 현상이 아니라 권력과 문명의 언어였다.

오늘날 AI와 첨단 기술이 결합된 전장의 빛은 과거보다 훨씬 더 정밀하고 강력하게 인간의 삶을 지배한다. AI는 위성, 드론, 열 감지 장비의 수많은 데이터를 분석해 누구를 비추고 누구를 가릴지 결정한다. 이 빛의 방향은 곧 권력의 방향이며, 전쟁과 평화의 균형은 그 빛을 누구의 손에 맡기느냐에 달려 있다.

따라서 우리는 묻지 않을 수 없다. 빛이 지배하는 시대, 그 빛은 과연 누구를 위한 것인가? AI와 결합한 조명 기술이 예술과 도시를 밝히는 동시에, 감시와 지배의 도구로 변모할 수도 있음을 끊임없이 성찰해야 한다.

빛은 언제나 문명의 얼굴을 비추어왔다. 이제 그 얼굴이 인간의 윤리를 담아야 한다면, AI 시대의 빛은 전쟁의 도구가 아닌 공존의 언어, 권력의 상징이 아닌 평화의 약속이 되어야 한다.

기술 혁명과 시대의 전환점

인류 역사에서 모든 전환점은 단순한 도구의 발명으로 끝나지 않았다. 그것은 빛의 역할을 다시 정의하며, 인간이 세상을 지각하고 관계 맺는 방식을 근본적으로 바꾸었다. 불의 발견이 공동체 의식을 일깨웠다면, 전기의 발명은 인간이 밤을 지배할 수 있게 한 힘이었다. 19세기 말, 에디슨이 백열등의 대량 생산을 시작하면서 밤은 인간 활동의 또 다른 무대가 되었다. 그것은 산업, 자본, 문화, 그리고 정치까지 변화시킨 새로운 시대의 여명이었으며, 단순한 조명 기술의 발전을 넘어 산업 문명의 방향을 재정의한 전환점이었다.

디지털 혁명은 빛을 한 단계 높은 차원으로 끌어올렸다. 반도체와 인터넷, 그리고 LED 기술의 등장은 빛을 데이터로 바꾸어, 정보와 인간 경험을 잇는 매개체로 만들었다. 이제 우리는 인공지능이라 불리는 새로운 전환점에 서 있다. AI는 환경을 인식하고 인간의 감정을 읽으며, 공간과 시간의 맥락에 따라 스스로 빛을 설계하는 존재로 진화하고 있다. 영화 제작에서는 장면의 톤을 일관되게 유지하고, 공연 무대에서는 관객의 반응에 맞춰 실시간으로 조명을 조정하며, 스마트 시티(smart city)에서는 교통과 기후 데이터를 분석해 도시의 빛을 자동으로 제어한다.

그러나 모든 기술적 전환점에는 언제나 그늘이 존재한다. 전기가 산업 자본주의의 불평등을 심화시켰듯, 디지털 혁명은 감시와 소외를 낳았다. 오늘의 인공지능 또한 창조의 새로운 가능성을 열면서, 동시에 인간의 감성과 윤리를 뒤흔드는 질문을 던진다.

궁극적으로 기술 혁신이 문명의 진정한 진보가 되기 위해서는, 그 안에 내재된 권력 · 윤리 · 인간성의 문제를 성찰하는 시선이 필요하다. 불씨로 시작된 인류의 빛은 백열등과 픽셀(pixel), 그리고 알고리즘의 시대를 거치며 끊임없이 인간이란 무엇인가를 묻고 있다. 결국 빛의 역사란, 기술이 인간을 비추고 해석해 온 역사이기도 하다.

미래를 밝히는 혁신의 상징

인류의 역사는 언제나 빛과 함께 진화해 왔다. 불의 발견은 어둠을 몰아내고 공동체 신화를 낳았으며, 전기의 발명은 도시의 밤을 밝히고 산업 문명의 문을 열었다, 그리고 디지털 기술은 현실을 넘어선 가상과 데이터 세계를 열었다. 이러한 혁신들은 단순한 도구의 발명이 아니라 인간이 세상을 인식하고 관계 맺는 방식을 재구성한 지각의 혁명이었다.

오늘의 시대는 인공지능, 네트워크, 생명 공학, 그리고 친환경 에너지와 같은 새로운 언어들로 형성되고 있다. 우리는 지금, 인간과 사회, 그리고 자연을 다시 연결하려는 거대한 전환기 위에 서 있다. 인공지능과 데이터 기술은 인간의 사유와 감각의 지평을 확장시키고 있다. 과거의 조명이 단지 어둠을 밝히는 기능에 머물렀다면, 오늘날의 AI 기반 조명은 표정과 심박, 공간의 공기와 음악을 감지해 상황에 어울리는 빛을 만들어 낸다. 이제 빛은 더 이상 물리적 장치가 아니라, 감정과 환경을 매개하는 대화의 언어가 되었다.

스마트 홈(smart home)에서는 인공지능이 생활 패턴을 학습해 조명을 조정하고, 공연장에서는 관객의 반응에 따라 무대 조명이 실시간으로 변한다. AI 기반의 조명은 이제 인간과 기계가 소통하는 새로운 언어로 진화하고 있다. 이러한 혁신은 단순한 기술적 효율성을 넘어,

생태적 전환을 요구한다. 스마트 시티의 조명은 이제 단순한 에너지 절감을 넘어, 새와 곤충의 생태 리듬, 식물의 광합성, 인간의 수면과 건강 주기까지 고려하고 있다. 바르셀로나, 암스테르담, 싱가포르와 같은 도시들은 조명과 환경 센서를 연결하여, 도시의 리듬과 생태계를 조화시키는 실험을 진행하고 있다. 이처럼 조명은 기술과 환경, 인간을 잇는 윤리적 인터페이스로서의 가능성을 드러내고 있다.

문화와 예술 또한 새로운 언어들로 재편되고 있다. 교육 현장에서는 학생의 반응과 집중도를 분석해 학습 몰입도를 높이려는 AI 기반 조명 실험이 이루어지고 있다. 또 의료 공간에서는 심박수와 호흡 같은 생체 신호를 활용해 조명을 제어하는 시도가 보고되고 있다. 아직 상용화 단계에는 이르지 않았지만, 이러한 시도들은 인간의 감정 상태에 반응하는 감성 조명 기술로 발전할 가능성을 보여 준다. 그러나 혁신의 언어가 언제나 긍정적인 것은 아니다. 전기가 인간의 노동 시간을 무한히 확장시켜 산업 사회의 기계적 인간을 탄생시켰듯, 인공지능 또한 감시와 통제의 언어로 전락할 위험을 지니고 있다. 따라서 기술의 진보는 단순한 실현 가능성만으로 정당화될 수 없으며, 사회적 합의와 윤리적 책임 위에서만 진정한 의미를 갖는다.

그럼에도 불구하고, 빛을 매개로 한 혁신은 여전히 미래를 향해 작동한다. 태양광과 에너지 저장 시스템, 인공지능과 네트워크, 확장현실(XR)과 생체 데이터는 지속 가능성 · 연결성 · 감성 경험이라는 세 축을 중심으로 인류의 미래를 새롭게 설계하고 있다. 이 혁신의 언어는 더 이상 과학자나 기술자의 전유물이 아니다. 모든 인간이 함께 읽고 쓰며 체험하는 보편적 언어로 확장되고 있다. 결국 빛을 통한 혁신은 과거와 미래, 인간과 기계, 도시와 자연을 잇는 다리로 기능한다. 그것은 단순한 효율의 도구가 아니라 인간의 감정과 상상력을 확장시키는 매개체이자, 사회적 윤리와 생태적 책임을 요구하는 새로운 문명 언어다. 이제 인류는 이 언어를 통해 미래를 읽고, 쓰며, 창조한다. 혁신이란 결국 빛으로 말하는 인간의 새로운 방식이다.

참고문헌

김용규(2025). 《영상 조명과 인공지능》. 커뮤니케이션북스.

Almodóvar-Melendo, J. M., & Quevedo-Rojas, J. (2018). Lighting Features in Historical Buildings: Scientific Analysis for Preservation and Sustainability. *Sustainability, 10(10).*

Gabora, L.(2014). Physical Light as a Metaphor for Inner Light.

arXiv preprint. arXiv:1409.1064.
Guarnieri, M.(2018). An Historical Survey on Light Technologies. *IEEE Access, 6.*
Hamacher, D. W. et al.(2020). Whitening the Sky: light pollution as a form of cultural genocide. arXiv.
Petty, M. M.(2016). Cultures of light: Electric light in the United States, 1890s–1950s. Victoria University of Wellington, Master's thesis.
Thornton, P.(2015). The meaning of light: seeing and being on the battlefield. *Cultural Geographies, 22*(4).
Weisbuch, C.(2018). Historical perspective on the physics of artificial lighting. *Comptes Rendus Physique, 19*(3).

02
AI 시대의 빛, 인문학적 재해석

AI 시대의 빛은 단순한 조명 기술을 넘어 인간의 감정과 인식을 해석하는 지능적 언어로 진화하고 있다. 데이터와 문화, 예술이 융합되며 빛은 인간 존재의 의미를 다시 비추고, 감성적 경험과 윤리적 가치가 공존하는 새로운 인문학적 영역을 형성한다. 이제 빛은 기술이 아니라 인간을 이해하는 사유의 방식이 되고 있다.

노래하는 AI 보컬?

존재와 이성으로서의 빛

빛은 단순히 사물을 비추는 물리적 현상을 넘어, 존재를 확인하고 세계를 이해하는 근원적 매개체였다. 원시인은 새벽의 첫 빛을 맞이하며 자신의 생존을 확인했고, 고대 철학자들은 그 빛을 진리와 지식의 은유로 해석했다. 플라톤(Plato)의 동굴의 비유는 그 대표적 사례로, 동굴 밖의 태양은 단순한 광원이 아니라 존재의 본질을 드러내는 진리의 빛이었다. 이는 하이데거(Martin Heidegger)가 말한 존재의 현현의 개념과도 맞닿아 있으며, 인간이 빛을 통해 자기 자신을 인식한다는 철학적 의미를 품고 있다.

이성과 빛의 관계는 근대 계몽기에 절정에 이르렀다. 계몽이라는 단어 자체가 빛의 은유를 내포하며, 칸트(Kant)는 인간이 미성숙의 어둠을 벗어나 스스로 사고하는 존재로 나아가야 한다고 강조했다. 이 시기의 빛은 단순한 시각적 상징이 아니라, 인간의 자율성과 이성의 실현을 향한 사회적 기획이었다.

동양에서도 빛은 존재와 이성의 핵심으로 인식되었다. 불교에서 빛은 깨달음, 즉 의식의 각성을 상징했고, 유교에서는 도덕 질서를 확립하는 근원적 원리로 작용했다. 특히 유교의 명덕은 인간의 내면을 비추어 본성을 드러내는 빛을 의미한다. 이처럼 동양 철학은 빛과 존재, 본질의 관계를 서양과는 다른 방식, 내적 조명의 사유를 통해 탐구해 왔다.

오늘날, 인공지능의 시대에 빛은 또 다른 차원에서 새롭게 해석되고 있다. 인간의 눈으로는 볼 수 없는 데이터의 패턴이 AI 분석을 통해 드러나고, 의료 영상 속 미세한 광밀도의 차이는 암세포의 존재를 식별하는 단서가 되며, 위성 이미지에 남은 빛의 흔적은 기후 변화의 궤적을 보여 준다. 여전히 빛은 존재를 드러내는 매개이지만, 이제 그것은 인간의 직관과 AI의 계산이 만나는 지점에서 탄생하는 새로운 이성의 확장이 되고 있다.

빛은 존재와 이성을 탐구하는 근원적 언어이자, 지성이 시작되는 출발점이다. 인공지능이 만들어 낸 새로운 인식의 틀 속에서도, 인간은 여전히 빛을 통해 세상을 보고, 존재를 확인하며, 사유의 길을 찾아 나아간다.

데이터와 문화 코드의 융합

빛은 언제나 인간 문화의 상징이었다. 원시의 횃불은 공동체의 연대를 드러냈고, 중세의 고딕 성당의 유리창은 신성한 빛이 인간의 세계로 스며드는 통로였으며, 도시의 네온사인은 소비 사회의 욕망을 드러냈다. 인류는 이처럼 빛에 의미와 질서를 부여하며 사회적 · 문화적 코드를 형성해 왔다. 그리고 인공지능의 시대에 이르러, 이러한 상징적 빛은 새로운 차원으로 확장되고 있다.

문화철학자 한스 블루멘베르크(H. Blumenberg)는 빛을 진리를 상징하는 보편적 은유로 보았다. 인류는 고대 철학에서부터 근대 과학에 이르기까지, 빛을 통해 세계를 인식하고 진리를 상징화해 왔다. 그러나 인공지능의 시대에 들어서면서, 빛은 더 이상 고정된 은유가 아니다. 이제 빛은 지각과 인식의 새로운 매개, 끊임없이 해석되고 확장되는 유동적 지성의 언어로 변모하고 있다. 마틴 제이(M. Jay)가 지적했듯이, 데이터화된 빛은 문화적 코드 안에서 작동하는 기술적 언어다. 이 빛은 동시에 감시와 투명성, 통제와 해방이라는 이중적 성격을 지닌다. AI가 수집하고 해석하는 빛의 데이터는 인간의 감정을 이해하고 돕는 공감의 도구가 될 수 있지만, 반대로 개인의 사생활을 추적하고 감시하는 시선의 장치로 작동될 수도 있다. 그러나 중요한 것은, AI가 제시하는 이러한 빛의 코드가 궁극적으로는 인간의 문화적 맥락 속에서만 의미를 가진다는 점이다. AI는 데이터를 수집하고 패턴을 계산할 수 있지만, 그 결과를 해석하고 의미를 부여하는 주체는 여전히 인간이다. 인류가 쌓아온 상징

체계와 문화적 코드가 없다면, 데이터로서의 빛은 단지 숫자와 신호의 연속에 불과할 것이다.

결국, AI 시대의 빛은 인간 문화와 데이터의 상호작용 속에서 진화하는 언어이자 대화의 공간이 되었다. 기술이 감정을 이해하려 하고, 인간이 기술의 언어를 해석하는 그 과정 자체가 공존의 미학을 완성한다. 이제 빛은 단순한 물리적 현상이 아니라, 인간의 문화적 해석과 AI의 계산이 교차하며 함께 진화하는 지성의 생태계로 확장되고 있다.

AI와 감각의 재구성

인류는 오랫동안 빛의 시선을 통해 세상을 인식해 왔다. 사물의 형태와 그림자를 바라보며 존재를 확인하고, 색과 밝기의 차이를 통해 감정을 읽어 왔다. 그러나 인공지능의 등장은 오랜 세월 인간에게만 속했던 감각의 경계를 허물고 있다. 이제 지각은 더 이상 인간만의 영역이 아니다.

AI는 더 이상 단순히 인간의 감각을 모방하는 존재가 아니다. 이제 그것은 감각 그 자체를 재구성하는 지성으로 진화하고 있다. 딥러닝 알고리즘(deep learning algorithm)은 방대한 이미지를 학습하며 인간의 눈으로 포착하기 어려운 시각적 패턴을 발견한다. 의료 영상에서는 미세한 병변과 암세포를 탐지하고, 위성 데이터에서는 스펙트럼 정보를 분석해 지구 환경의 변화를 읽어낸다. 이러한 기술은 빛의 데이터를 통해 인간이 볼 수 없는 세계를 시각화하는 새로운 형태의 지성을 보여 준다. AI는 인간의 시각과 청각, 촉각의 경계를 확장하며 일종의 제2의 감각을 제시하고 있다. 그것은 인간의 감각을 대체하는 기술이 아니라, 감각을 데이터의 언어로 해체하고 재구성하는 새로운 지각의 과정이다.

예술의 영역에서 이러한 변화는 이미 현실이 되고 있다. AI 기반의 조명 시스템은 센서와 카메라를 통해 배우의 신체 움직임, 음성, 표정, 호흡을 감지하고 데이터를 분석하여, 빛의 색과 리듬, 질감을 통해 감정을 시각화한다. 관객은 더 이상 수동적인 관찰자가 아니라, AI가 재구성한 감각의 공간을 직접 체험하는 참여자가 된다.

이러한 기술은 단일 감각의 확장을 넘어 복합 감각 융합으로 진화하고 있다. 조명, 소리, 온도, 진동, 향기와 같은 다양한 감각 요소가 하나의 알고리즘적 경험으로 통합될 때, 인간은 기존의 오감을 넘어서는 초감각적 경험, 즉 신체 · 기술 · 빛이 교감하는 새로운 인식의 장을 경험하게 된다.

AI는 더 이상 인간의 감각을 단순히 복제하지 않는다. 이제 그것은 지각의 구조 자체를 재구성하고 있다. 데이터 분석을 통해 인간의 인식은 해체되고 재배열되며, 인간이 한 번도 경험하지 못한 새로운 감각의 세계가 열린다. 이러한 감각의 재구성은 이미 예술 작품, 스마트시티의 환경 조명, 가상 · 증강현실의 인터랙티브 전시 속에서 현실적으로 실험되고 있다.

그러나 이러한 변화는 동시에 깊은 윤리적 질문을 던진다. AI가 만들어 내는 감각의 경험은 인간의 정체성을 위협하는가? 질 들뢰즈(Gilles Deleuze)가 말한 시뮬라크르(simulacre)처럼, 우리는 현실보다 더 강렬한 모방의 세계 속에 살고 있는 것은 아닐까?

AI가 인식하는 세계는 카메라와 센서, 알고리즘을 통해 인간보다 더 넓고, 더 정밀하며, 더 빠르게 포착되지만, 그 세계에 의미를 부여하고 존재를 발견하는 주체는 여전히 인간이다. AI는 인간의 감각을 대체하는 존재가 아니라, 감각의 지평을 확장하는 지각의 동반자다.

인간 중심의 빛 윤리

오늘날 우리가 빛을 다루는 방식은 단순한 기술적 효율성을 넘어, 인간의 삶과 감정, 사회적 관계에 직접적인 영향을 미치고 있다. 빛은 인간의 생체 리듬과 정서, 행동에 작용하는 섬세한 매개체이며, 인공지능 기반의 조명 기술이 발전할수록 그 위에는 반드시 인간 중심의 윤리적 토대가 놓여야 한다.

AI 기반의 조명 시스템은 사용자의 수면 패턴을 분석해 최적의 조도를 제안하거나, 환자의 상태를 감지해 치유의 빛을 제공하는 등 긍정적인 기능을 수행할 수 있다. 그러나 동시에 감시형 도시 조명은 범죄 예방의 기능과 함께 시민의 이동 경로와 표정을 수집하며, 프라이버시(privacy) 침해와 감시 사회화의 위험을 내포하고 있다. 빛은 본질적으로 보이지 않는 방식으로 작동하기 때문에, 그것은 안전망이자 통제의 수단이 될 수 있다. 따라서 이러한 이중성의 경계에서 명확한 윤리적 기준을 확립하는 것이 필수적이다.

국제 사회 역시 이러한 인식의 변화에 발맞추고 있다. 유럽연합(EU)의 일반개인정보보호법(General Data Protection Regulation, GDPR)은 개인정보와 생체 데이터를 활용하는 AI 조명 시스템에 대한 엄격한 기준을 제시하고 있으며, 국제조명위원회(CIE)와 국제표준화기구(ISO) 또한 인간의 생체 리듬과 웰빙을 고려한 인간 중심 조명 디자인을 강조하고 있다. 이는 조명이 인간의 감각을 향상시키고 삶의 질을 개선하는 방식으로 작동해야 한다는 윤리적 선언이라 할 수 있다.

윤리의 또 다른 축은 지속 가능성이다. AI 기반 조명의 에너지 효율 극대화는 단순한 비용 절감을 넘어, 빛 공해를 줄이고 생태계를 배려하는 지구적 책임으로 이어진다. 네덜란드 암스테르담의 적응형 조명 시스템은 범죄 취약 지역과 공원에서 최소한의 빛으로도 안전과 에너지 절감을 동시에 달성한 대표적 사례다.

궁극적으로 인간 중심의 조명 윤리란 AI와 기술이 인간을 대체하는 것이 아니라 인간의 가치를 확장해야 한다는 선언이다. AI는 빛을 정밀하게 제어할 수 있지만, 그 빛이 인간에게 안정과 위안을 줄지, 혹은 불안과 통제를 남길지는 조명 디자이너의 생각과 윤리 의식에 달려 있다. 기술은 결코 중립적이지 않다. 진정한 혁신은 인간의 존엄과 자유를 지향하는 규범 위에서 완성된다.

AI 시대의 빛은 효율과 창조성의 도구이자 윤리적 선택의 거울, 그리고 인간 · 자연 · 사회가 공존을 약속하는 도덕적 광원이 되어야 한다.

참고문헌

Blumenberg, H.(2010). *Paradigms for a Metaphorology*. Cornell

University Press.
Gitelman, L.(2013). "*Raw Data" Is an Oxymoron.* MIT Press.
Ihde, D.(2002). *Bodies in Technology.* University of Minnesota Press.
International Commission on Illumination.(2018). CIE S 026/E:2018: System for Metrology of ipRGC-Influenced Responses to Light. CIE Central Bureau.
Manovich, L.(2001). *The Language of New Media.* MIT Press.
Merleau-Ponty, M.(2012). *Phenomenology of Perception.* Routledge.
Milgram, P. & Kishino, F.(1994). A Taxonomy of Mixed Reality Visual Displays. *IEICE Transactions on Information and Systems, E77-D*(12).
UNESCO(2021). Recommendation on the Ethics of Artificial Intelligence.

03
빛의 이중성, 감시와 공감

AI 시대의 빛은 감시의 눈이자 공감의 언어다. 디지털 조명과 영상 시스템은 인간의 행동과 감정을 데이터로 수집하며, 빛은 통제의 수단이자 이해의 매개체로 작동한다. 그러나 알고리즘이 감정을 해석할수록 윤리와 자유의 경계는 모호해진다. 이 장은 빛이 감시와 공감, 통제와 인간성 사이에서 어떻게 새로운 관계를 형성하는지를 탐구한다.

인공지능과 편향?

디지털 감시의 구조와 기능

현대 도시의 빛은 더 이상 어둠을 밝히는 순수한 기능에 머물지 않는다. 거리의 가로등과 건물에 장착된 센서와 알고리즘은 이제 인간의 행동과 감정을 분석하는 디지털의 눈(digital eye)으로 진화하고 있다.

오늘날의 스마트 시티 가로등은 단순한 조명 기구가 아니다. 카메라, 음향 센서, 환경 센서, 얼굴 인식 알고리즘이 결합되며, 도시는 거대한 데이터 네트워크이자 계산적 생명체로 변모한다. 그 결과 조명은 어둠을 밝히는 도구를 넘어, 정보를 읽고 판단하는 지능적 존재로 진화하고 있다.

이 빛은 범죄 예방이나 재난 대응 같은 공공의 기능을 수행하는 동시에, 시민을 감시하고 통제하는 권력의 장치로 작동한다. 어두운 골목을 비추는 빛은 안도감을 주지만, 그 아래에는 개인의 위치 · 동선 · 표정을 기록하는 데이터의 사슬이 숨어 있다. 보호의 빛은 언제든 통제의 빛으로 전환될 수 있다. 이는 조지 오웰(George Orwell)이 《1984》에서 경고한 빅 브라더의 시선(Big Brother's gaze)을 떠올리게 한다.

이러한 기술적 역설은 이미 국제 사회에서도 중요한 윤리적 논의의 주제가 되고 있다. 유럽연합은 일반개인정보보호법(GDPR)을 통해 얼굴 인식과 위치 추적을 포함한 생체 정보의 수집 · 저장 · 활용을 엄격히 제한하고 있으며, 미국시민자유연맹(ACLU) 또한 네트워크와 감시 카메라의 결합으로 인한 기술 권력의 남용에 대해 지속적으로 경고하고 있다.

이 규제의 목적은 기술을 억압하기 위한 것이 아니라 조명의 권력, 즉 데이터를 비추는 빛의 힘을 민주적으로 관리하기 위한 것이다. AI 기반 조명 시스템은 도시의 효율성과 안전성을 높이는 동시에, 우리에게 묻는다. 그 빛은 과연 누구를 위해 비추는가?

결국 AI 시대의 빛은 단순한 기술적 장치가 아니라 윤리적 존재로 이해되어야 한다. 그 미래는 인간이 이 빛을 통제의 언어로 사용할 것인가, 아니면 공존의 언어로 재구성할 것인가에 달려 있다.

보이지 않는 권력과 드러난 빛

현대 도시의 빛은 더 이상 어둠을 밝히는 단순한 광원이 아니다. 센서, 카메라, 알고리즘이 결합된 가로등과 건물의 조명은 데이터를 수집 · 분석하는 지능형 네트워크로 진화하며, 도시의 모든 공간에 스며드는 권력의 언어로 변모하고 있다.

프랑스 철학자 미셸 푸코(Michel Foucault)가 제시한 판옵티콘(Panopticon)은 한 개의 감시탑을 중심으로 한 권력 구조의 은유였다. 그러나 오늘날의 도시는 더 이상 하나의 탑이 아니라, 빛과 데이터로 이루어진 디지털 판옵티콘으로 바뀌었다. AI와 센서가 결합된 스마트 조명은 범죄 예방과 안전의 이름으로 도시 전역을 실시간 감시하며, 빛은 동시에 공공의 안전을 위한 도구이자 통제를 위한 시선이 되고 있다.

무대 위의 스포트라이트(spotlight)가 주인공을 비추는 동시에 주변을 지워버리듯, 도시의 빛 또한 보호하고 지배하며, 드러내고 감추는 이중의 기능을 수행한다. 특히 인공지능 기술은 군중의 표정 · 음성 · 움직임을 분석하여 감정 데이터를 해석하고, 그 결과에 따라 조명의 색온도와 밝기를 조정한다. 이로써 권력의 작동은 일상적 무의식의 차원 속으로 더욱 미세하고 세련된 방식으로 스며든다. 이러한 현상은 이미 학계에서도 비판적으로 논의되고 있으며, 기술 인프라가 새로운 불평등과 통제를 만들어 낸다는 지적이 제기되고 있다 예를 들어, 쇼샤나 주보프(Shoshana Zuboff, 2019)는 감시 자본주의의 시대(The Age of Surveillance Capitalism)에서 데이터 수집 인프라가 개인의 행동을 형성하는 행위 수정 도구로 진화하고 있다고 지적한다. 이때 빛은 단순한 감시 장치가 아니라, 권력이 시각적으로 구현되는 형태로 작동한다. 그러나 이러한 기술 또한 민주적 관리와 투명성을 통해 공존의 도구로 전환될 수 있다. 조명의 데이터 수집 목적과 알고리즘의 결정 구조가 시민에게 공개되고, 그 운영이 사회적 합의 위에 구축될 때, 빛은 더 이상 통제의 시선으로 작동하지 않고, 공존의 시선으로 변화할 수 있다.

궁극적으로 AI 시대의 빛은 권력의 매개이자 윤리의 시험장이다. 보이지 않는 권력을 드러내는 빛이 두려움의 시선이 아니라, 인간의 자유와 존엄을 보호하는 윤리적 빛으로 존재할 때, 기술은 비로소 인간 중심적 도구로서의 진정한 의미를 얻게 된다.

감정 데이터와 공감의 빛

빛은 오랫동안 인간의 감정과 내면을 표현하고 반영하는 매개로 존재해 왔다. 오늘날 인공지능은 이 빛을 확장해 공감의 언어로 변화시키고 있다.

AI는 표정, 목소리 톤, 심박수, 뇌파 등의 생체 신호를 분석하여 이를 조명의 색 · 밝기 · 움직임 패턴으로 변환한다. 이 과정에서 빛은 단순한 시각적 요소를 넘어, 인간의 감정을 읽고 반응하는 감성 인터페이스로 작동한다.

콘서트홀에서는 관객의 박수 소리, 함성, 심박 리듬을 AI가 분석해 조명의 색과 리듬을 실시간으로 조정하는 실험이 진행되고 있다. 영화관에서도 관객의 긴장도와 심박 데이터를 분석해 영화의 클라이맥스(climax) 순간에 조명의 색온도를 조절하는 몰입형 감성 조명 연구가 이뤄지고 있다. 이러한 기술은 개별 감정을 넘어, 관객 전체의 정서를 하나로 연결하는 집단적 공감의 경험을 만들어 낸다.

이러한 감성 조명은 예술 영역에서도 활발히 실험되고 있다. 프랑스의 픽스몹(PixMob)은 관객이 착용한 LED 밴드와 무대 조명을 네트워크로 연결해, 음악의 비트와 관객의 반응에 따라 빛이 실시간으로 변화하는 인터랙티브 공연을 선보였다. 일본의 팀랩(TeamLab)은 관람객의 움직임과 목소리를 감지해 빛의 색과 형태가 변하는 작품을 통해, 인간의 감정과 기술적 반응이 하나의 감성 생태계로 융합되는 장면을 구현했다.

공감 조명은 예술을 넘어 교육과 치유의 영역으로 확장되고 있다. 네덜란드의 한 초등학교에서는 조명을 통해 학생들의 집중도와 스트레스 수준을 조절하여 학습 몰입을 높이는 실험이 보고되었고, 일부 병원에서는 심박수와 호흡 리듬에 따라 조명의 색과 밝기를 조절하는 치유 조명 프로그램을 운영해 불안을 완화하고 회복을 돕고 있다. 그러나 이러한 발전과 동시에 감정 데이터의 상업적 이용과 조작 가능성이라는 심각한 윤리 문제가 제기되고 있다.

인간의 감정이 데이터로 환원될 때, 그 자율성과 진정성은 쉽게 침해될 수 있다. 따라서 감성 조명은 단순한 기술적 과제가 아니라, 디자인과 윤리 문제이기도 하다.

AI가 설계한 빛은 감정을 조작하는 장치가 아니라, 감정을 이해하고 연결하는 공감의 다리가 되어야 한다. 진정한 공감의 빛은 인간의 존엄에 대한 존중 위에서만 가능하다. 비록 AI가 인간의 감정을 데이터로 읽는다 하더라도, 그 빛이 따뜻하게 인간에게 되돌아올 때, 기술과 인간, 개인과 공동체가 빛을 매개로 연결되는 새로운 감정 공동체가 열릴 것이다.

알고리즘 공감의 한계와 윤리

감정 컴퓨팅은 인간의 표정, 음성, 생체 신호를 분석해 감정을 추론하는 기술을 말한다. AI는 카메라, 마이크, 센서로 수집한 데이터를 바탕으로 감정을 확률값으로 수치화한다. 예를 들어 기쁨 80%, 슬픔 20%와 같이 표현되는 것이다. 그러나 이러한 계산은 기억 · 문화 · 맥락이 중첩된 인간 감정의 복합적 층위를 완전히 포착할 수는 없다.

인간의 공감은 단순한 정보 인식이 아니라 윤리적 경험과 감정적 소통이 결합된 복합적 과정이다. 기계는 인간의 얼굴 안면 근육 움직임을 정밀하게 계산할 수는 있지만, 그 표정이 슬픔을 감춘 미소인지, 안도감을 드러낸 웃음인지를 이해할 수는 없다. 이것은 알고리즘적 공감이 인간의 공감과 본질적으로 다름을 보여 준다.

기술의 또 다른 한계는 문화적 편향성이다. 서구권 데이터를 중심으로 학습된 감정 인식 알고리즘은 아시아인의 표정과 감정 표현을 정확히 해석하지 못해 오판을 일으킨 사례가 보고되었다. 미국 MIT 미디어랩(MIT Media Lab, 2020) 연구에 따르면, 감정 분석 모델은 서구인의 얼굴 표정에 대해서는 높은 정확도를 보였지만, 비서구 인종에서는 최대 35%까지 오차율이 증가했다고 지적했다. 이는 곧 AI의 공감이 보편적 감정 이해가 아니라 통계적 추정에 불과함을 의미한다. 즉, 그것은 인간의 감정을 해석하는 언어가 아니라, 데이터의 한계를 드러내는 거울이다.

더 큰 문제는 감정 데이터의 윤리적 위험성이다. 감정

인식 기술은 인간을 이해하기 위한 다리가 되지만, 동시에 감시와 상업화의 도구로 악용될 가능성을 지닌다. 기업은 개인의 정서 상태를 분석해 맞춤형 광고를 강화할 수 있고, 정부는 공공 안전의 명목으로 시민의 감정 반응을 감시할 수 있다. 이때 감정은 이해의 언어가 아니라 통제의 언어로 전락한다.

따라서 기술 윤리의 확립은 필수적이다. 무엇보다 감정 데이터의 수집은 최소한으로 제한되어야 하며, 알고리즘의 판단 원리와 데이터 활용 목적은 투명하게 공개되어야 한다. 그리고 그 모든 설계의 중심에는 언제나 인간의 존엄이 자리해야 한다.

궁극적으로 알고리즘적 공감의 한계는 기술의 미성숙에서 비롯된 것이 아니라, 지각의 경계 그 자체에 존재한다. 공감이 숫자로 환원되는 순간, 인간 감정의 깊이와 모호함, 상호성은 사라진다. AI 시대의 빛은 인간의 감정을 모방하는 기계가 아니라, 감각과 상상력을 확장시키는 지각의 동반자가 되어야 한다. 이것이 곧 감정 알고리즘이 넘어야 할 윤리적 과제이자, 공감 기술의 새로운 미학이다.

참고문헌

Chavan, V. et al.(2025). Feeling Machines: Ethics, Culture, and the Rise of Emotional AI. arXiv.

Ghotbi, N., Ho, M. T., & Van Do, T.(2022). Ethical considerations of emotional artificial intelligence: A Scoping Review. Frontiers in Psychology, 13, 821304.

Gouglidis, A. et al.(2018). Surveillance and security: protecting electricity utilities and other critical infrastructures. *Energy Informatics, 1.*

Kalluri, P. R. et al.(2025). Computer-vision research powers surveillance technology. *Nature, 643.*

McMullan, T.(2015). What does the panopticon mean in the age of digital surveillance?. The Guardian.

Shen, J., & Wang, J.(2024). Empathy Toward Artificial Intelligence Versus Human-Written Stories: Comparative Study. JMIR Mental Health, 11, e54522.

Silberman, M.(2023). Streetlights as Spyware. TechPolicy Press.

Tahir, S. et al.(2023). Artificial Empathy Classification: A Survey of Deep Learning Techniques, Datasets, and Evaluation Scales. arXiv.

Zuboff, S.(2019). The Age of Surveillance Capitalism: The Fight for a Human Future at the New Frontier of Power. PublicAffairs.

04
빛의 은유와 상징적 의미

빛은 진리와 희망의 상징이자, 동시에 권력과 시선의 도구였다. 문화와 예술 속에서 빛은 감정의 미학을 형성하고, 어둠은 부재와 사유의 공간을 드러낸다. AI 시대의 빛은 이러한 상징을 계승하며, 인간의 인식과 예술적 상상력 속에서 새로운 의미로 재해석된다.

청각장애인과 AI?

진리와 희망의 은유

빛은 오랫동안 진리와 이성, 희망의 강력한 은유로 작용해 왔다. 예컨대 동굴 속의 불꽃은 어둠을 몰아내며 생존의 희망을 밝혔고, 성당의 창으로 들어오는 신성한 빛은 신의 계시를 전했으며, 전기와 디지털 조명의 시대에는 이성의 빛이 무지를 몰아내는 상징이 되었다.

한스 블루멘베르크는 《빛과 진리의 은유》에서 빛 은유가 단순한 수사적 장식이 아니라 사유의 틀이자 개념 형성 이전의 인식적 구조임을 보여 주었다. 한편 마틴 제이는 이러한 빛의 은유가 가진 이중성을 지적하며, 시각중심주의와 빛의 은유가 배제와 권력의 도구로 작동할 수 있음을 비판했다.

오늘 인공지능 시대에 들어서며, 빛은 더 이상 사물을 드러내는 단순한 기능에 머물지 않는다. 빛은 이제 센서와 알고리즘을 통해 데이터를 자율적으로 해석하고, 인간의 시야를 넘어선 진리를 드러내는 해석의 언어로 진화하고 있다.

그러나 우리는 이 지점에서 반드시 질문해야 한다. 이 빛은 누구의 진리를 드러내고, 누구의 희망을 설계하는가? 빛의 은유는 여전히 유효하지만, 이제 그 은유는 윤리적 성찰을 요구한다. 결국 AI 시대의 빛은 현실을 비추는 존재가 아니라, 우리가 보고 싶은 진리가 무엇인지, 우리가 선택할 희망이 무엇인지 질문하는 촉매가 된다.

시선과 권력, 그리고 정치의 빛

무대 위 한 줄기 스포트라이트는 주인공을 드러내는 동시에 주변을 어둠 속에 감춘다. 이처럼 빛은 단순한 조명이 아니라, 누가 보이고 누가 숨겨지는가를 결정하는 권력의 언어다. 시선의 방향과 빛의 분배는 사회적 질서를 재편하며, 조명이란 결국 가시성과 비가시성을 구분하는 정치적 장치임을 보여 준다.

미셸 푸코는 이러한 권력의 작동을 판옵티콘의 은유로 설명했다. 감시탑의 빛은 죄수를 비추지만, 죄수는 자신이 언제 감시당하는지 알 수 없다. 이 비대칭적 시선은 외부의 통제보다 더 강력한 내면화된 권력을 만들어 낸다. 오늘날 인공지능 기반 감시 조명과 얼굴 · 감정 인식 시스템은 이 구조를 더욱 정교하게 재현하고 있다. 스마트 시티의 조명은 군중의 이동, 체류 시간, 표정 데이터를 분석해 특정 구역의 밝기를 자동으로 조절하며, 도시의 빛은 관찰과 통제의 네트워크로 작동하고 있다.

이러한 도시의 빛은 노출의 정치학을 형성한다. 상업지구는 네온사인과 스크린의 빛으로 과도하게 밝히지만, 이주민이 밀집한 지역이나 노년층이 거주하는 구역은 여전히 어둠 속에 남아 있다. 누가 빛을 받고 누가 어둠 속에 남는가는 도시의 권력 구조를 반영하며, 조명은 사회적 불평등을 재생산하는 매개가 된다.

마틴 제이는 서구 근대의 시각 중심주의를 비판하며, 그것이 진리를 드러내는 듯 보이지만 실제로는 권력이 원하는 질서를 객관적 사실로 위장한다고 지적했다. 나치 독일의 대규모 집회 조명과 현대 광고 산업의 과장된 빛은 빛이 어떻게 권력의 상징이자 욕망의 언어로 작동하는지를 잘 보여 준다.

AI 시대의 조명은 권력 구조를 더욱 정교하고 보이지 않게 만든다. 스마트 조명 시스템은 군중의 동선을 분석해 특정 지역을 밝히고, 이 과정에서 수집된 감정이나 행동 데이터는 새로운 통제 방식으로 전환된다. 겉으로는 참여와 공감을 강조하지만, 노출된 정보는 곧 권력의 자원이 된다.

그러나 빛은 권력의 도구로만 머물지 않는다. 현대 예술가들은 도시의 어두운 공간을 빛으로 다시 탐색하며, 보이지 않는 존재를 드러내는 저항의 언어로 빛을 사용한다. 미디어 아트, 공공 조명, 데이터 시각화 프로젝트는 사회 구조를 비판하고 인간의 존엄을 회복하려는 시도로 읽힌다.

인공지능 시대의 조명 디자인은 단순한 기술적 효율을 넘어, 누가 비추어지고 누가 가려지는가에 대한 윤리적 성찰을 요구한다. AI의 시선이 인간을 감시의 대상으로 환원하지 않기 위해, 빛은 자율성과 존엄을 보호하는 투명한 매개체로 작동해야 한다. 궁극적으로 빛은 통제의 눈이 아닌 공존의 눈, 감시의 언어가 아닌 자유의 언어로 존재해야 한다.

문화와 감성의 미학

빛은 단순히 대상을 비추는 도구가 아니라, 문화와 감정의 언어로 존재해 왔다. 각 문화는 빛을 이해하고 사용하는 방식이 달랐고, 그 차이는 고유한 감성의 미학을 형성했다.

동양에서 달빛은 고요함과 사색을 상징하며 인간 내면의 정적 세계를 비추었다. 반면 서양에서 태양의 빛은 생명력과 승리의 상징으로, 외향적 에너지의 미학을 구축했다. 이처럼 문화적 맥락은 빛에 대한 감정적 반응을 변화시키며, 그 반응은 다시 사회의 미적 감수성을 결정한다. 중세 유럽의 스테인드글라스는 신성에 대한 경외감을 불러일으켰고, 일본 전통 건축의 반투명한 종이문을 통과한 빛은 정적이고 명상적인 아름다움을 만들어냈다. 빛은 단순한 시각적 대상이 아니라, 문화적 기억과 인간의 경험이 새겨진 미학적 매개체였다.

이러한 문화 감성의 미학은 오늘날 미디어 환경에서 새롭게 재구성되고 있다. K-POP 콘서트의 화려한 조명은 집단적 열정을 시각화하며 관객을 하나의 감정으로 연결하고, 서양 오페라 무대의 한 줄기 스포트라이트는 배우의 내면적 고뇌를 극적으로 드러낸다. 이처럼 빛은 문화적 코드에 따라 다른 감정을 생성하는 미학적 매개가 된다.

오늘날 AI는 데이터를 통해 이러한 감성 미학을 재해석한다. AI는 표정 · 음성 · 심박수 등 생체 신호를 실시간으로 분석하여 조명을 조정하고, 나아가 문화적 맥락을 학습해 감정 반응을 예측한다. 그러나 한 문화에서 투명과 진리의 상징인 백색광은 다른 문화에서는 냉혹함과 소외의 상징이 될 수도 있다.

따라서 AI가 감정의 언어를 다루기 위해서는 문화적 해석 능력이 필수적이다. 이러한 시도는 예술의 영역에서도 활발하다. 파리 오페라는 배우의 움직임에 따라 조명의 색과 방향을 섬세하게 조정하는 AI 시스템을 도입하여, 인간의 제스처와 감정에 반응하는 빛의 안무를 만들어 내고 있다. 그러나 감정이 데이터로 환원될 때, 하나의 질문이 남는다. 그것은 여전히 미적 경험으로 남을 수 있는가? 인간의 감정은 숫자가 아니라, 해석과 공명, 그리고 의미의 교류 속에서 탄생한다. 그러므로 AI의 역할은 감정을 대체하는 것이 아니라, 감정이 머무는 공간을 확장하고 풍요롭게 만드는 일이다.

빛은 문화와 감정이 만나는 지점에서 미학을 창조하고, AI는 그 교차점을 더 다채롭고 입체적으로 확장시킨다. 그러나 의미를 해석하고 감정의 깊이를 완성하는 주체는 여전히 인간이다. 인간의 이야기와 문화적 맥락이 기술 속에 살아 있을 때, 빛의 미학은 끝내 인간의 예술로 남는다.

그림자와 부재의 의미

빛이 존재하는 곳에는 언제나 그림자가 함께한다. 그림자는 단순히 빛의 결핍이 아니라, 존재를 드러내는 또 다른 방식이다. 무대 위 배우의 표정이 선명하게 보이는 이유는 빛 때문이 아니라, 그 표정을 감싸는 그림자의 여백 때문이다. 그림자는 결핍이 아니라 세계에 깊이와 입체감을 부여하는 존재의 언어다.

철학과 예술 속에서 그림자는 오랫동안 중요한 은유

로 다뤄져왔다. 플라톤은 그림자를 진리를 가리는 환상으로 보았지만, 하이데거는 진리가 어둠과 부재 속에서 드러난다고 말했다. 카라바조(Caravaggio)의 명암 대비는 신성한 존재를 극적으로 부각시켰고, 에드워드 호퍼(Edward Hopper)는 어둠과 빈 공간을 통해 존재의 고독과 침묵을 표현했다. 다니자키 준이치로(Tanizaki Junichiro)는 《음예예찬》에서 서구의 빛 중심 미학과 달리, 그림자가 만들어 내는 깊은 사유의 공간을 찬미했다.

인공지능의 시대에 들어 그림자와 부재의 의미는 새로운 차원에서 재해석되고 있다. 가상현실(Virtual Reality, VR)과 증강현실(Augmented Reality, AR)의 렌더링 기술은 실제와 같은 그림자를 생성해 사용자가 가상의 공간을 현실처럼 느끼게 한다. 이러한 그림자는 단순한 시각 효과가 아니라 가상 세계의 실재성을 증명하는 데이터 요소다. 그림자가 없는 공간은 오히려 허구로 인식된다.

공연 조명에서도 AI는 어둠의 순간과 부재의 시간을 정교하게 설계한다. 장면 전환이나 감정의 정점에서 잠시 빛이 사라질 때, 그 짧은 어둠은 감정의 잔향을 극대화한다. AI는 이 부재의 타이밍을 학습해 감정의 곡선을 설계하지만, 그 본질은 여전히 인간의 미적 판단에 의존

한다.

결국 그림자와 어둠은 우리에게 묻는다. 빛은 모든 것을 드러내야만 하는가? 한스 블루멘베르크가 말했듯, 빛의 절대화는 오히려 보이지 않는 어둠 속에서 더 깊은 의미를 낳는다. AI가 모든 데이터를 밝히려 하지만, 인간은 종종 보이지 않는 영역에서 더 큰 진실과 감정을 경험한다.

빛이 세상을 비출 때, 그림자와 부재는 세계를 성찰하게 하는 여백으로 남는다. AI가 이 어둠의 미학을 존중할 때, 기술은 단순한 도구를 넘어 인간 감정의 깊이를 확장하는 예술로 승화된다.

참고문헌

Blumenberg, H.(1993). Light as a Metaphor for Truth: At the Preliminary Stage of Philosophical Concept Formation. In Levin, D. M.(ed.). *Modernity and the Hegemony of Vision*, pp.30~62. University of California Press.

Eliade, M.(1959). *The Sacred and the Profane: The Nature of Religio*n. Harcourt, Brace & World.

Foucault, M.(1977). *Discipline and Punish: The Birth of the Prison*. Pantheon Books.

Gabora, L.(2014). Physical Light as a Metaphor for Inner Light. arXiv preprint. arXiv:1409.1064.

Gombrich, E. H.(1982). *The Story of Art*. Phaidon Press.

Heidegger, M.(1962). *Being and Time*. Harper & Row.
Jay, M.(1993). *Downcast Eyes: The Denigration of Vision in Twentieth-Century French Thought*. University of California Press.
Tanizaki, J.(1977). *In Praise of Shadows*. Leete's Island Books.

05
알고리즘 기반의 빛 창조

AI는 이제 빛을 계산하는 존재에서 창조하는 존재로 진화하고 있다. 알고리즘은 조명의 색, 방향, 리듬을 스스로 설계하며, 인간의 감정과 공간의 맥락을 학습해 새로운 미학을 만들어 낸다. 조명 맵핑과 레이저 기술은 데이터와 예술의 경계를 허물고, 인간과 AI가 함께 빛을 구성하는 협업의 시대를 열고 있다. 이 장은 빛이 알고리즘과 만나 어떻게 창의성과 감성을 동시에 확장시키는지를 살펴본다.

AI 콘텐츠 크리에이터?

생성형 AI와 빛 프로그래밍

조명 예술은 오랫동안 인간의 직관과 경험적 감각에 의존해 왔다. 그러나 오늘날, 생성형 인공지능(Generative AI)의 등장은 빛이 만들어지는 방식을 근본적으로 확장시키고 있다. 적대적 생성 신경망(Generative Adversarial Networks, GAN)과 디퓨전 모델(Diffusion Model)과 같은 알고리즘은 단순한 명령 수행을 넘어, 방대한 데이터 속 이미지 · 움직임 · 리듬의 패턴을 학습하여 매 순간 새로운 빛의 구성을 생성한다. 음악의 리듬이 바뀌거나 배우의 움직임이 느려질 때, AI는 이를 감지해 즉각 다른 조명 구성을 제안하며 장면의 흐름을 유기적으로 변형시킨다. 이때 빛은 단순한 효과나 반응이 아니라, 스스로 진화하는 예술적 존재, 즉 창조적 생명체로 다시 태어난다.

이러한 변화는 이미 영화와 공연 예술의 영역에서 뚜렷하게 나타나고 있다. 디지털 스튜디오와 XR(eXtended) 무대에서는 뉴럴 렌더링(Neural Rendering)과 물리 기반 렌더링(Physically Based Rendering, PBR) 기술이 결합되어 실제 빛의 반사, 굴절, 산란 구조를 정밀하게 재현한다.

특히 ILM(Industrial Light & Magic), 웨타 FX(Wētā FX), 덱스터 스튜디오(Dexter Studios) 등은 인간 감각

의 질서를 데이터로 변환해, 새벽빛의 부드러운 온도나 촛불의 미세한 떨림까지 정서적으로 시뮬레이션한다. 이처럼 생성형 조명 프로그래밍은 기술적 보조를 넘어 스스로 진화하는 창조적 존재로서의 빛을 가능하게 한다. 여기서 AI의 연산적 지능과 인간의 감정과 직관이 결합하여 매 순간 다른 감정의 빛을 만들어 낸다. 이는 단순한 자동화를 넘어, 인간과 기계가 함께 만들어 내는 새로운 예술적 미학, 즉 공생적 창조의 미학으로 확장된다.

물론 이 과정에서 저작권 및 창작 주체에 대한 윤리적 논의가 불가피하다. AI가 생성한 조명 디자인의 저작권은 누구에게 귀속되는가? 인간의 감정 데이터를 학습한 알고리즘이 만들어 낸 결과물은 공동 창작물인가, 아니면 기계적 산출물인가? 이 문제는 기술의 문제가 아니라, 예술의 주체성과 인간의 역할에 대한 인문학적 질문이다. 그러나 중요한 것은 인간이 이 과정에서 대체되는 것이 아니라, 이 지점에서 AI의 연산적 지능과 인간의 감정과 직관이 교차하며, 매 순간 변화하는 감성의 빛을 만들어 낸다. 이는 단순한 자동화를 넘어서는 과정으로, 인간의 감성과 기계의 인식이 함께 상상력을 비추는, 공생적 창조의 미학이라는 새로운 예술적 패러다임을 여는 것이다.

AI 기반 조명 맵핑의 언어

AI 기반 조명 맵핑(mapping)은 빛을 단순히 제어하거나 재현하기 위한 기술적 수단으로 한정하지 않고, 인간의 감정과 공간의 의미를 연결하는 지각의 언어로 확장하는 데 있다. 기존의 조명 맵핑은 픽셀 단위의 좌표, 색상, 타이밍을 사전에 설계하여 일정한 패턴을 재생하는 방식이었다. 그러나 AI 기반 조명 맵핑은 카메라, 오디오, 센서, 관객 반응, 생체 신호 등 다양한 데이터를 실시간으로 분석해, 빛이 스스로 공간의 정서적 흐름을 해석하고 반응하는 지능적 구조를 만들어 낸다. 이 과정에서 빛은 단순히 비추는 존재가 아니라, 인간의 감정에 반응하고 그 감정을 시각적으로 번역하는 감성 인터페이스로 기능한다.

AI 기반 맵핑의 첫 번째 목적은 감정의 시각화다. 인간의 얼굴 표정, 음성의 억양, 움직임의 리듬 등 감정의 미세한 신호를 데이터로 분석하여, 이를 색 · 조도 · 패턴으로 변환함으로써 감정이 공간 안에서 보이는 형태로 나타난다. 두 번째는 지각의 자동화다. AI는 감정 데이터를 학습하며 조명의 밝기, 방향, 색온도를 자동으로 조절해 빛이 인간의 감정 리듬에 동기화(synchronization)되도록 한다. 이로써 조명은 단순히 명암을 조정하는 기술이 아니라, 인간의 감정 상태를 읽고 함께 호흡하는 지능적 존재로 발전한다. 세 번째는 공간의 의미화다. AI는 장면의 맥락과 감정적 밀도를 분석해 조명의 구조를 재조직함으로써, 공간을 하나의 감정적 지형으로 재구성한다. 즉, 공간이 단순한 물리적 무대가 아니라 감정과 인식이 교차하는 서사적 장으로 변모한다.

결국 AI 기반 조명 맵핑의 궁극적인 이유와 목적은 기술의 자동화가 아니라 감성의 확장에 있다. 빛은 데이터의 반사체가 아니라 인간 감정의 언어로 작동하며, AI는 그 언어의 문법을 학습하고 해석하는 새로운 번역자 역할을 수행한다. 이로써 조명은 인간의 감정을 시각화하면서도 공간의 분위기와 의미를 설계하는 지각적 인터페이스가 된다.

AI 시대의 레이저 조명과 새로운 감성

레이저 무빙라이트(laser moving light)는 공연과 방송 현장에서 강렬한 빔과 선명한 색으로 존재감을 드러내며, AI 시대에 들어 단순한 조명 장비를 넘어 스스로 사고하고 반응하는 지능형 조명으로 진화하고 있다. 인공지능은 음악의 리듬, 관객의 반응, 카메라 피드백을 실시간 분석해 빛의 움직임과 색을 자동 조정하며, 무대의 감정 흐름에 따라 스스로 춤추는 존재가 된다. 또한 AI는 카메라 영상을 기반으로 색온도와 밝기를 자동 최적화해 현장의 생동감과 영상의 안정성을 동시에 확보한다. 나아가 LED 스크린과 프로젝션 매핑을 통합 제어하여 무대 전체를 하나의 시각적 네트워크로 변환하고, XR 무대에서는 조명과 영상이 완벽히 동기화된다.

에너지 효율 면에서도 AI는 각 장비의 전력과 열 데이터를 분석해 최소의 에너지로 최대의 광효율을 내도록 제어하며, 지속 가능한 무대 운영의 기반을 마련한다. 결국 AI 시대의 레이저 조명은 인간의 감성과 알고리즘의 계산이 교차하는 새로운 조명 미학을 형성하고 있다. 무대 위에서 레이저는 집중과 에너지의 언어, LED 조명은 감정과 균형의 언어를 말하며, 두 빛의 만남은 기술과 감성이 조화를 이루는 공존의 무대를 완성한다.

공창의 시대, 인간과 AI의 협업

AI와 함께하는 조명 연출의 창작은 단순한 기술 혁신이 아니라 인간과 기계가 함께 예술을 만들어가는 공동 창작, 즉 공창의 시대를 열고 있다. 인공지능은 무대 위의 감정 흐름을 정밀하게 분석하고 공간을 다각도로 해석함으로써 인간의 창작 과정을 지원한다. 인간의 직관과 경험, AI의 데이터 분석과 예측 능력이 결합되면서 빛은 감정 · 문화 · 환경이 교차하는 공동 창작의 매체로 발전하고 있다.

하지만 이러한 협업에는 반드시 해결해야 할 윤리적 과제가 존재한다. 첫째는 창작의 주체성과 책임의 문제다. AI가 제안한 조명 패턴은 인간의 감정과 문화적 맥락을 존중해야 하며, 특정 문화나 인종에 편향된 학습 데이터는 조명의 감정 표현을 왜곡할 수 있다. 관객의 생체 데이터를 수집하는 시스템은 개인정보 보호의 문제를 초래할 수 있으며, 기술적 효율성보다 인간 존엄성과 감정의 다양성이 우선되어야 한다.

유럽연합은 신뢰할 수 있는 AI 윤리 지침을 통해 인간의 존엄성과 사생활 보호를 최우선 가치로 제시하며, 창작 과정에서 AI의 개입 수준과 투명성을 명확히 할 것을 권고하고 있다. 또한 AI는 에너지 효율적 조명 설계를 통해 탄소 배출을 줄일 수 있지만, 반대로 모델 학습에 필요한 막대한 전력 소모는 또 다른 환경 윤리 문제로 지적된다. 이러한 점에서 인간과 AI의 협력은 예술적 차원을 넘어 환경적 · 사회적 책임을 포함하는 총체적 윤리를 요구한다.

인간과 AI의 공창은 경쟁이 아닌 협력의 무대다. 인간은 직관과 감정을 제공하고, AI는 방대한 데이터를 분석해 새로운 가능성을 제시한다. 그러나 최종적 판단과 책임은 여전히 인간에게 남아야 한다. 그래야 창작은 기술의 산물이 아니라 인간 예술로 남고, 빛은 계산의 결과가 아니라 감정과 문화의 공명으로 존재할 수 있다. 공창의 빛은 인간이 기술을 통해 자신의 감정과 세계를 확장해 가는 과정이며, 이는 예술과 기술이 만나는 인간 중심의 진화된 협업 모델을 상징한다.

참고문헌

김용규(2025). 《영상 조명과 인공지능》. 커뮤니케이션북스.

Cassano, P. et al.(2019). Selective photobiomodulation for emotion regulation: model-based dosimetry study. *Neurophotonics, 6*(1).

Choi, J. M. et al.(2024). ScribbleLight: Single Image Indoor Relighting with Scribbles. arXiv:2411.17696.

Deng, B. et al.(2023). LumiGAN: Unconditional Generation of Relightable 3D Human Faces. arXiv:2304.13153.

Marr, B.(2024.2.27). AI Is Learning To Read Your Emotions: Here's Why That's a Good Thing. Forbes.

Violante, N. et al.(2024). Physically-Based Lighting for 3D Generative Models of Cars. *Computer Graphics Forum, 43*(2).

Zhao, C. et al.(2022). Laser light therapy improves working memory of the human brain. Science Advances, 8(48), eabq7524.

Zhao, Y. et al.(2024). CleAR: Robust Context-Guided Generative Lighting Estimation for Mobile Augmented Reality. arXiv:2411.02179.

Zhao, Z. et al.(2025). Automatic Stage Lighting Control: Is it a Rule-Driven Process or Generative Task?. arXiv:2506.01482.

06
AI가 이해하지 못하는 빛

AI는 빛을 계산할 수 있지만, 인간의 감정과 예술의 결을 완전히 이해하지는 못한다. 인간의 언어와 직관, 윤리적 판단은 여전히 알고리즘이 닿지 못하는 영역이다. 이 장은 AI의 한계 속에서 드러나는 인간 감성의 본질과 새로운 창의성의 가능성을 탐구한다.

AI와 민주주의?

데이터의 한계, 인간의 언어

AI 기반 조명 기술의 출발점은 인간의 감정과 빛의 물리적 속성을 연결하는 데 있다. 그러나 현재 축적된 조명 데이터는 주로 시각 인식과 객체 탐지 중심으로 구성되어 있으며, 감정과 빛이 교차하며 만들어 내는 미묘한 정서적 상호작용을 정밀하게 반영하지 못한다. 동일한 색온도라도 문화권과 개인의 심리 상태에 따라 전혀 다른 정서적 의미로 해석되며, 실험실에서 수집된 조명 · 감정 데이터는 공연장, 방송 스튜디오, 거리 조명처럼 복합적이고 비정형적인 실제 환경에 그대로 적용하기 어렵다.

감정은 고정된 수치가 아니라 시간 · 소리 · 움직임 · 상황에 따라 끊임없이 변화하는 유동적 흐름이다. 이 흐름을 수치화하는 순간 이미 해석의 왜곡이 발생한다. 현재까지 조도의 밝기, 색온도, 위치, 방향, 확산각과 같은 조명 변수와, 표정 · 시선 · 심박 · 음성 억양 등 인간의 생리적 반응 데이터를 실시간으로 동기화하여 학습할 수 있는 종합 데이터세트는 거의 존재하지 않는다. 이러한 데이터 구축에는 고성능 센서와 표준화된 환경, 장기간의 관찰이 필수적이기 때문이다.

더욱이 인간의 감정 표현에는 언어적 맥락과 문화적 상징이 깊이 스며 있다. 같은 빛을 보더라도 어떤 사람은 따뜻함을, 또 다른 사람은 답답함을 느낀다. 이는 빛의 물리적 속성이 아니라 문화적 경험과 감성 코드가 감정 해석을 결정짓기 때문이다. 현재의 AI는 이러한 문화적 · 언어적 차이를 충분히 해석하지 못한다.

결국, AI 기반 조명 기술의 첫 번째 한계는 기술의 미성숙이 아니라, 인간 감정의 복잡성과 문화적 다양성을 포착할 수 있는 언어적 · 정서적 데이터의 부재에 있다. 감정을 단순한 수치로 분류하는 단계를 넘어, 빛에 내재된 의미의 층위를 AI에게 학습시키는 일은 아직 미지의 영역이다.

AI가 이해 못하는 예술의 질감

인공지능은 빛의 물리적 구조와 광학적 계산을 정밀하게 수행할 수 있지만, 그 속에 담긴 감정과 예술적 맥락을 이해하는 능력은 아직 인간의 직관에 미치지 못한다. 인공지능은 밝음과 어두움을 구분할 수 있으나, 인간이 어둠 속에서 느끼는 따뜻함이나 밝음 속에서 느끼는 고요함 같은 모순적 감정의 층위를 인식하지 못한다.

한 장면의 조명은 결코 단일한 광원으로 결정되지 않는다. 피사체의 재질과 반사율, 카메라의 초점 거리, 배경의 색, 음악의 리듬, 배우의 동선 등 다층적인 감각 요소들이 복합적으로 얽혀 장면의 질감을 형성한다. 그러나 현재의 AI는 여전히 프레임 단위의 시각 데이터 분석 수준에 머물러 있으며, 이러한 다차원적 감각의 네트워크를 해석하지 못한다.

예술적 조명은 단순한 재현이 아니라, 의도된 불완전성을 통해 감정을 전달한다. 그러나 AI는 이 불완전성을 오류로 인식하고 수정하려 한다. 그 결과 기술적으로 완벽하지만 정서적으로 균질한 빛이 만들어진다. 이는 감정의 미묘한 결을 담지 못한 기계적 완벽함의 한계다.

AI가 진정한 예술적 조명을 구현하기 위해서는 단순한 시각적 패턴 인식을 넘어, 맥락적 공감의 단계로 진화해야 한다. 즉, 데이터의 계산을 넘어 의미의 관계를 읽고, 감정의 흐름을 파악할 수 있어야 한다. 따라서 빛이 예술이 되기 위해서는 수학적 공식이 아닌 가정의 언어로 읽히는 순간이 필요하다.

빛과 공기의 지능적 상호작용

기존의 쇼나 음악 방송에서는 드라이아이스, 안개(fog), 스모크(smoke) 등의 특수 효과가 무대에 퍼질 때, 조명 전문가는 육안으로 농도를 판단하여 안개가 너무 빨리 확산되거나 과도하게 응집되는 상황을 즉시 인지했다.

이후 무전기나 전화로 공조실에 연락해 바람의 세기와 방향을 조정하거나 에어컨을 끄도록 요청했지만, 이 방식은 즉각적인 대응이 어렵고 공조 담당자가 조명 상태를 직접 확인할 수 없어 정밀한 조정이 불가능했다. 그때마다 조명팀과 공조팀 간의 즉각적인 소통은 큰 부담으로 남았다.

AI 기반 조명 환경에서는 이러한 인간 중심의 전화식 제어 방식이 완전히 사라진다. 조명 콘솔과 공조 시스템(HVAC, 환기팬, 블로워 등)이 네트워크로 직접 연결되며, AI가 두 시스템을 통합적으로 제어한다. AI 알고리즘은 조명 콘솔에서 입력되는 데이터(안개 분사량, 신큐 등)와 카메라 피드백(영상 속 안개의 균일도, 빛의 산란 정도)을 동시에 분석하고, 필요 시 공조 장치에 제어 신호를 전송해 풍량과 방향을 실시간으로 조절한다.

무대에는 미세입자 센서(PM2.5/PM10), 온 · 습도 센서, 비전 센서(카메라) 등이 설치되어 환경 데이터를 지속적으로 수집한다. AI는 이를 실시간으로 모니터링하며 안개가 과도하게 퍼지거나 농도가 높아지는 순간을 자동 감지한다. 예를 들어, 안개 분사가 시작되면 AI는 공조 시스템의 풍속을 자동으로 낮추고, 시간이 지남에 따라 환기를 점진적으로 강화한다. 음악의 클라이맥스 구간에서는 레이저나 빔(beam) 효과를 선명히 드러내기 위해 공기 흐름을 제한하고, 엔딩 구간에서는 시야 확보를 위해 환기를 증가시킨다.

이러한 지능형 피드백 구조를 통해 빛과 공기는 하나의 유기적 네트워크로 통합된다. 과거 인간의 직관과 언어에 의존하던 공조 제어가 이제는 데이터 간의 대화로 전환되었으며, 그 결과 시각적 정밀도와 감성적 몰입도가 동시에 향상된다. 이처럼 빛과 공기의 상호작용을 AI가 매개하는 시대에는, 기술과 예술이 같은 호흡을 나누며 작동한다. 이는 단순한 자동화가 아닌, 조명 예술의 새로운 미학, 공기와 함께 숨 쉬는 빛의 시작이다.

통제되지 않은 윤리의 그림자

AI 기반 조명은 인간의 감정을 읽고 해석하며, 때로는 미세하게 유도하기도 하는 기술이다.

뉴스 스튜디오에서 앵커의 표정을 분석해 자동으로 밝기를 조정하는 시스템은 시청자에게 안정감을 줄 수 있지만, 동시에 감정 반응을 조작할 위험을 내포하고 있다. 감정 인식 기술이 생체 정보에 기반하기 때문에, 이 데이터가 상업적 목적이나 심리적 설득에 사용될 경우 인간의 감정 자율성은 쉽게 침해될 수 있다. 만약 AI 기반 조명이 시청률을 높이거나 소비를 유도하기 위한 수단으로 사용된다면, 그것은 예술이 아니라 조작이다.

따라서 감정 중립 조명 프로토콜과 사용자 동의 기반의 데이터 정책, 그리고 인간이 언제든 개입할 수 있는 감독 체계가 필요하다. AI 기반 조명은 인간의 감정을 지배하는 빛이 아니라, 감정을 지원하고 확장하는 빛이어야 한다. 윤리적 투명성이 확보될 때 기술은 통제가 아닌 예술로 승화된다. 인간의 감정을 존중하는 빛만이 진정한 인간의 빛이며, 이것이 인공지능 시대의 새로운 조명 미학이다.

AI 시대, 인간 창의성의 새로운 자리

AI 시대의 조명은 조명 전문가의 역할을 근본적으로 바꾸고 있다. 과거의 조명 전문가는 장비를 다루는 기술자이자 감정의 리듬을 설계하는 예술가였다. 그러나 이제 인공지능이 장면의 정서적 톤을 분석하고 조명을 자동으로 조정하는 단계에 이르면서, 인간의 개입 영역은 점점 좁아지고 있다. 이러한 변화는 단순히 AI가 인간을 보조하는 구조로 설명될 수 없다. 인간과 인공지능이 함께 창조 행위를 수행하는 공동 창조의 패러다임이 요구되는 시대다.

이 환경에서 조명 전문가는 기술적 조작자를 넘어 감정의 해석자로 진화해야 한다. 인간은 AI가 계산한 수치와 알고리즘적 결과를 비판적으로 해석하고, 그 안에서 감정의 균형을 조율하는 정서의 연출자로서 새로운 역할을 맡게 된다. 조명은 단순한 기술의 산물이 아니라, 인간이 의미를 부여할 때 비로소 예술로 존재하기 때문이다. AI는 데이터를 다루지만, 인간은 그 데이터를 해석해 감정의 언어로 번역하는 빛의 최종 번역자로 남는다.

동시에, AI가 인간의 의도를 학습하고 새로운 조명 패턴을 창출할 때, 그 저작권과 책임의 주체는 누구인가라는 윤리적 문제가 제기된다. 이는 단순한 실무적 논의를 넘어, 예술과 지능의 경계를 다시 사유하게 만드는 인문학적 질문이다. 인간의 역할은 AI를 통제하는 것이 아니라, 그 결과에 의미를 부여하는 것이다. 기술이 아무리 정밀해도, 감정의 중심이 인간에게서 멀어지는 순간 조명은 예술로서의 생명을 잃는다.

따라서 AI 기반 조명의 본질은 자동화가 아니라, 계산과 공감의 대화에 있다. 그 빛은 인간과 지능이 공존하는 시대의 언어이며, 기술과 감성이 함께 만들어 내는 새로운 예술의 형태다.

참고문헌

Barrett, L. F. et al.(2019). Emotional Expressions Reconsidered: Challenges to Inferring Emotion From Human Facial Movements. *Psychological Science in the Public Interest, 20*(1).

Crawford, K. & Paglen, T.(2021). Excavating AI: The Politics of Images in Machine Learning Training Sets. *AI & Society, 36*.

Jack, R. E. et al.(2012). Internal Representations Reveal Cultural Diversity in Expectations of Facial Expressions of Emotion. *Journal of experimental psychology. General, 141*(1).

Karimi, A. et al.(2023). Human-AI Co-Creation: A Systematic Review of Design, Evaluation, and Theory. ACM Computing Surveys, 56(1), 1~38.

Killian, M. & Kozek, M.(2016). Ten Questions Concerning Model Predictive Control for Energy Efficient Buildings. *Building and Environment, 105*(15).

Lubart, T.(2005). How can computers be partners in creativity? International Journal of Human-Computer Studies, 63(4-5), 365~369.

McCormack, J. et al.(2019). Autonomy, Authenticity, Creativity: Investigating Artistic Agency in Human-AI Systems. Creativity and Cognition, 422~427.

Stark, L., & Crawford, K.(2019). The work of art in the age of artificial intelligence: What artificial intelligence can and cannot do. Critical Inquiry, 46(2), 441~455.

Talebi, H. & Milanfar, P.(2018). NIMA: Neural Image Assessment. arXiv:1709.05424.

Wei, T. et al.(2017). Deep Reinforcement Learning for Building

HVAC Control. *Proceedings of the 54th Annual Design Automation Conference 2017.*

07
도시와 네트워크의 빛

AI 시대의 도시는 조명, 데이터, 인간이 연결된 거대한 네트워크로 진화하고 있다. 스마트 조명은 교통 · 기상 · 에너지 데이터를 분석해 도시의 리듬을 조율하며, 디지털 트윈은 이를 가상공간에서 시뮬레이션해 효율과 지속 가능성을 높인다. 이 장은 도시의 빛이 기술과 인간 감성을 조화시키는 지능형 생태계로 변모하는 과정을 다룬다.

AI와 애니메이션?

스마트 시티 통합 조명 플랫폼

21세기의 도시는 더 이상 단순히 밤을 밝히는 공간이 아니다. 도시 조명은 인공지능(AI), 사물인터넷(lnternet of Things, loT), 클라우드(cloud) 네트워크가 결합된 거대한 신경망으로 진화하고 있다. 이 지능형 조명 플랫폼은 교통 · 환경 · 안전 · 에너지 데이터를 실시간으로 분석하여 도시의 감각과 생명의 리듬을 조율하는 살아 있는 유기체처럼 작동한다. 이제 도시의 빛은 단순한 인공조명이 아니라, 인간과 자연의 생리적 리듬이 공명하는 감각적 인터페이스로 확장되고 있다. 그것은 지성과 감성, 그리고 환경이 연결되는 새로운 빛의 생태계 출현이다.

핀란드 헬싱키는 인공신경망 기반의 도시 조명 제어 시스템을 도입해 에너지 소비를 35% 절감하면서, 범죄 취약 지역의 안전성을 강화했다. 인공지능은 교통량 · 날씨 · 보행자 밀집도를 시간대별로 분석해 필요한 곳에는 밝은 조명, 휴식이 필요한 구역에는 부드럽고 따뜻한 조명을 자동으로 제공한다. 이러한 조명은 단순한 효율성을 넘어, 도시의 정서적 안정감과 심리적 리듬을 고려한 감성 알고리즘으로 작동한다.

네덜란드 암스테르담의 도심 조명은 생태적 리듬을 품고 있다. 스마트 라이팅 암스테르담 프로젝트는 박쥐의 이동 경로를 학습해 가로등의 파장을 조정하고, 주거 지역에는 생태계에 부담을 주지 않는 따뜻한 색온도를 유지한다. 동시에 범죄 위험 지수를 예측해 특정 지역의 조명을 강화함으로써, 안전과 생태적 지속 가능성의 균형을 추구한다. 이때의 빛은 인간 중심의 기능을 넘어 도시 생태계의 일부로 작동하는 유기적 존재로 진화하고 있다.

싱가포르의 스마트 네이션 프로젝트(Smart Nation Project)는 도시 전역의 조명 데이터를 통합 관리하는 허브를 구축했다. 환경, 교통, 보안 센서와 연결된 조명 인프라는 기후 변화(비, 폭염, 스모그 등)에 따라 밝기를 조정하고, 시민의 이동 패턴을 분석해 공공 공간의 조명 색을 변화시킨다. 도시 축제나 국가 기념일에는 도시 전체가 하나의 거대한 무대로 변하며, 기술 · 예술 · 행정 · 감정이 교차하는 도시적 퍼포먼스로서의 빛이 완성된다. 이처럼 오늘날의 도시 조명은 더 이상 수동적 인프라가 아니다. 그것은 인간과 기술, 그리고 자연이 공존하는 지능적 매개체, 살아 있는 도시의 감각 기관으로 진화하고 있다.

그러나 완전한 스마트 조명 생태계는 기술만으로 구축될 수 없다. 수많은 카메라와 센서에 기반한 조명 시스템은 개인정보 침해, 알고리즘 편향, 감정 데이터의 상업화 등 새로운 윤리적 과제를 동반한다. 이러한 문제를 해결하기 위해서는 투명한 거버넌스, 시민 참여, 사회적 합의에 기반한 윤리적 설계 원칙이 기술 혁신과 함께 확립되어야 한다.

미래의 도시 조명은 인간의 안전과 편의뿐 아니라, 생태적 리듬과 사회적 정서를 함께 고려하는 윤리적 언어가 되어야 한다. 기술과 예술, 인간과 자연이 유기적으로 결합된 공존의 도시, 그것이 바로 인공지능 시대의 빛이 지향하는 새로운 형태다.

신경망 조명과 산업 표준

AI 시대의 도시는 더 이상 빛을 수동적으로 소비하는 공간이 아니다. 도시 조명은 시간과 공간의 패턴을 학습하고 스스로 반응하는 지능형 네트워크로 진화하고 있다. 이를 위해 순환 신경망(Recurrent Neural Network, RNN)과 그래프 신경망(Graph Neural Networks, GNN) 알고리즘이 적용된다. 그래프 신경망은 도로, 광장, 건물 간의 관계 구조를 분석해 지역 간 조명이 유기적으로 조화를 이루는 빛의 구조를 설계한다. 이러한 결합을 통해 도시는 하나의 거대한 빛의 생명체, 그리고 스스로 리들을 연주하는 거대한 빛의 오케스트라로 거듭난다. 각 가로등과 건물의 파사드, 그리고 물 위의 반사광까지 도시 전체가 하나의 지능적 빛의 심포니로 호흡한다.

이러한 혁신이 지속 가능하고 세계적으로 통합되기 위해서는 국제 표준화가 필수적이다. 제조사마다 조명 기기와 제어 시스템의 통신 방식이 다르면 상호 운용성 문제가 불가피하게 발생한다. 이를 해결하기 위해 DALI-2, D4i, TALQ, Zigbee, Bluetooth Mesh 등 다양한 통신 표준이 개발되었으며, 이는 국제전기기술위원회(IEC)와 국제표준화기구(ISO)가 관리하고 있다. 이러한 표준 체계는 서로 다른 제조사의 조명 장비가 마치 하나의 신경망처럼 작동하도록 하며, 더 나아가 도시 간 조명 데이터 공유의 기반을 마련함으로써 글로벌 지능형 조명 생태계로의 확장을 가능하게 한다.

그 결과 전 세계의 도시가 재난이나 환경 위기 상황에서도 빛을 매개로 협력할 수 있는 글로벌 조명 네트워크 생태계가 형성되고 있다. 신경망 조명은 단순한 기술의 편의성을 넘어, 빛을 통해 전 지구의 도시들을 엮는 새로운 문화적 코드로 등장하고 있다.

디지털 트윈 기반 스마트 조명

디지털 트윈(digital twin) 기반 스마트 조명은 스마트 스튜디오와 스마트 시티를 연결하는 핵심 인프라로 부상하고 있다. 기존의 조명 제어가 개별 장비 중심의 물리적 조작에 머물렀다면, 디지털 트윈 환경에서는 조명이 센서 · IoT · 클라우드 · AI가 결합된 실시간 데이터 생태계 속에서 상호작용을 한다.

XR 스튜디오에서는 AI 기반 조명 시스템이 LED 볼륨 스크린과 완벽히 동기화되어 배우의 움직임에 따라 가상 배경과 실제 광원이 동시에 변한다. 디즈니의 만달로리안(The Mandalorian)은 이러한 기술을 활용해 야외 촬영을 대체하고, 가상 배경과 실제 조명을 정교하게 결합함으로써 일관된 색조와 사실적인 공간감을 구현했다.

이러한 기술은 영화나 방송 제작을 넘어, 도시 규모의 예측형 조명으로 확장되고 있다. 싱가포르의 버추얼 싱가포르 프로젝트는 도시 전체를 3D 디지털 트윈으로 구축해 교통, 에너지, 기후 데이터를 시뮬레이션하고 있다, 이 과정에서 조명 데이터는 핵심 변수로 활용되어 특정 지역의 조도 변화가 에너지 효율과 안전에 미치는 영향을 예측한다. 이처럼 AI · 디지털 트윈 · 조명이 결합된 환경 속에서 도시는 점차 몰입적이고 반응적인 생명체처럼 작동한다.

궁극적으로 디지털 트윈 기반 조명은 현실과 가상의 경계를 흐리며, 인간의 감각 · 환경 · 기술이 유기적으로 얽힌 몰입형 생태계로 발전하고 있다. 그러나 가상 데이터와 실제 조명이 완벽히 동기화되지 않으면 시각적 이질감이 발생할 수 있으며, 대규모 데이터 수집 과정에서는 프라이버시 보호나 저작권 문제 등 새로운 윤리적 쟁점이 제기된다. 따라서 기술적 정밀성만큼이나 투명한 거버넌스(governance)와 사회적 합의의 구축이 필수적이다. 디지털 트윈과 스마트 조명의 융합은 단순히 공간을 밝히는 기술을 넘어, 인간의 인지 · 환경 · 인공지능이 교감하는 지능형 몰입의 장소를 실현하는 방향으로 나아가고 있다. 이것이 바로 인공지능 시대의 도시 조명이 지향하는 새로운 미학이다.

지속 가능한 에너지와 조명 생태계

지속 가능한 조명 생태계의 핵심 변화는 LED 조명과 재생 에너지의 융합이다. LED는 기존 광원에 비해 50~70% 이상의 에너지 절감 효과를 보이며, 여기에 태양광 패널과 에너지 저장 장치(ESS)를 결합하면 외부 전력망에 의존하지 않는 자립형 조명 인프라를 구축할 수 있다.

바르셀로나와 코펜하겐은 이미 에너지 독립형 도시 조명 시스템을 성공적으로 구현하며, 조명이 환경적 기술을 넘어 사회적 혁신의 매개로 기능할 수 있음을 보여주고 있다. 또한 AI-IoT 기반 플랫폼을 통해 조명, 기후, 보행자 데이터를 실시간으로 통합 · 관리함으로써, 도시는 단순히 빛을 소비하는 공간이 아니라 인간과 생태계의 리듬을 읽고 반응하는 살아 있는 유기체로 변화하고 있다. 이처럼 조명은 공간을 드러내는 기능을 넘어, 자연 · 인간 · 기술이 공존하는 윤리적 코드로 자리 잡으며, 미래 도시의 방향을 결정하는 핵심적 키스톤(keystone)으로 진화하고 있다.

참고문헌

Biesinger, F. et al.(2020). Digital twins for smart cities: Integrating lighting infrastructure into urban simulation models. Sustainability, 12(23), 10145.

European Union.(2025). EU Ethics Charter for AI-Driven Lighting Systems: Balancing Human Autonomy and Environmental Efficiency. European Strategy Strategy Strategy Group.

Gago, E. J. et al.(2021). Smart lighting control systems for energy savings and human well-being in urban contexts. Sustainability, 13(21), 11626.

International Electrotechnical Commission.(2022). IEC 62386:

Digital addressable lighting interface(DALI−2). IEC Central Office.
Sánchez−de−Rivera, D., & Fernández, R.(2022). Artificial Intelligence for Smart Street Lighting Systems in Urban Environments. Electronics, 11(13), 2002.
Yin, C. et al.(2023). A digital−twin framework for AI−driven smart city lighting management. Journal of Computing in Civil Engineering, 37(5), 04023024.
Yin, C. et al.(2023). A Digital−Twin Framework for AI−Driven Smart City Lighting Management.
Zhang, L. et al.(2023). Graph neural networks for urban lighting optimization. IEEE Transactions on Smart Grid, 14(3), 2145∼2158.

08
AI와 새로운 경험의 무대

AI는 무대를 넘어 감각의 경계를 확장하고 있다. 확장현실 공연, 실시간 음악 조명, 일상 속 예술 조명까지, 빛은 더 이상 고정된 장치가 아니라 관객의 감정과 공간의 흐름에 반응하는 살아있는 존재가 된다. AI는 음향 · 영상 · 조명 데이터를 통합 분석하여 인간의 감정을 읽고, 감각적 몰입을 설계한다. 무대와 현실, 예술과 기술의 경계가 사라지며, 우리는 빛을 통해 경험 그 자체가 예술이 되는 시대를 맞이하고 있다.

AI와 인재 채용?

확장현실 기반 몰입형 퍼포먼스

인공지능 기술은 공연 예술의 무대를 새롭게 쓰고 있다. 과거의 조명이 배우를 비추고 무대의 분위기를 조성하는 도구였다면, 오늘날의 조명은 감정과 데이터가 교차하는 감성 알고리즘의 언어로 진화하고 있다. 무대는 더 이상 일방적 연출의 공간이 아니라, 인간과 기계, 예술과 기술이 함께 호흡하는 공존의 장으로 변화하고 있다. 이러한 변화의 중심에는 확장현실(XR) 기술과 AI 기반 조명 시스템이 있다.

XR 공연은 현실 무대와 가상 조명을 결합해 관객의 감각 구조를 새롭게 재편하며, 조명은 단순한 시각 장치가 아니라 감정 · 리듬 · 움직임의 데이터를 읽고 반응하는 감각적 매개체로 작동한다. 대표적인 사례로 픽스몹과 모먼트 팩토리가 있다. 픽스몹은 관객이 LED 웨어러블 장치를 착용하도록 하여 음악의 BPM, 함성, 움직임 데이터를 실시간으로 동기화하고, 공연장의 빛을 살아 있는 데이터 생명체처럼 호흡하게 만든다. 이러한 기술은 단순한 군중 연출을 넘어, 관객이 스스로 빛의 일부로 참여하고 무대의 일부가 되는 참여형 조명 예술의 가능성을 제시한다.

또한 캐나다의 모먼트 팩토리는 AI, 센서, 사운드, 건축, 조명을 융합한 몰입형 공간 예술을 세계 각지의 공연장과 공공 공간에서 선보이고 있다. 이 시스템은 관객의 제스처, 움직임, 음성, 심박수 등의 신호를 감지하여 조명의 색과 패턴을 실시간으로 변화시키며, 공간 전체를 감정에 반응하는 인터페이스로 재구성한다.

이처럼 AI 기반 몰입형 공연은 기술적 혁신을 넘어 예술과 감정이 공명하는 새로운 구조를 만들어 낸다. 다수의 조명과 프로젝션, 센서들이 신경망처럼 작동하며 관객의 반응을 읽고, 무대는 하나의 생명체처럼 호흡한다. 그러나 이러한 시스템은 생체 신호 및 얼굴 데이터를 수집하는 과정에서 개인정보 보호와 감정 조작의 위험을 내포할 수 있다. 따라서 기술적 정밀성만큼이나 윤리적 투명성이 중요하며 데이터는 최소한으로 수집되어야 하고, 알고리즘의 원리와 목적은 사회적으로 공개되어야 한다.

궁극적으로 픽스몹과 모먼트 팩토리의 사례는 인공지능이 인간의 예술적 감각을 대체하는 기술이 아니라, 감각과 감정의 확장을 가능하게 하는 창조적 협력자임을 보여 준다. AI 기반 조명은 인간의 상상력과 기계의 계산이 공존하는 새로운 무대를 열고 있으며, 오늘날의 빛은 단순한 조명 장치가 아니라, 호흡하고 반응하는 살아 있는 빛으로 다시 태어나고 있다.

AI 기반 음악 조명의 진화

기존 음악 방송에서는 가사 · 멜로디 · 카메라 동선을 사전에 분석하여 조명 · 영상 · 특수 효과를 설계했다. 조명 전문가는 미리 설정된 값을 기반으로 밝기와 색을 조정했으며, 연출의 핵심은 정확한 타이밍이었다. 그러나 이러한 방식은 정해진 틀 안에서만 작동했기 때문에, 생방송 중 가수의 즉흥적 움직임이나 감정의 변화에 즉각 대응하기 어려웠고, 조명은 여전히 수동적인 장치로 남아 있었다.

반면 AI 기반 조명 환경은 조명 제작 전반을 근본적으로 변화시킬 잠재력을 보여 준다. 인공지능은 음악의 리듬, 화성, 음역, 감정 키워드를 분석하여 장면의 감정적 결을 해석하고, 이에 따라 색상 · 각도 · 속도 · 밀도를 실시간으로 조정한다. 이러한 기술은 일부 산업 보고서와 연구에서 차세대 적응형 감정 조명으로 제시되고 있다. 음악 · 감정 데이터를 결합한 실시간 무대 조명 제어 시스템이 실험 중이다.

카메라 피드백을 통해 AI가 출연자의 표정, 위치, 움직임을 인식하고, 이에 맞춰 조명의 밝기와 색온도를 자동으로 변화시킨다. 예를 들어, 클라이맥스 구간에서 표정의 긴장이 높아질수록 조명이 강해지고, 음악의 고조에 따라 조명이 유기적으로 반응하는 이러한 기술은 현재 상용화 전단계인 연구 수준에 머물러 있다. 최근 무대 위의 조명 · 영상 · 특수 효과가 통합 네트워크로 연결되는 구조가 논의되고 있다. AI는 콘솔뿐 아니라 영상 서버(video server), 레이저, 드라이아이스, 불꽃 효과까지 비트(beat), 신호, 카메라 컷(cut)에 맞추어 동시에 제어하는 방식으로 발전하고 있다.

결과적으로 무대는 개별 장비의 집합체를 넘어, 감정과 리듬에 반응하는 살아 있는 유기체로 진화하고 있다. 이에 따라 조명 전문가는 단순한 기술자가 아니라, AI가 계산한 데이터를 감정의 흐름으로 해석하고 연출하는 감성 디렉터로 변화하고 있다.

일상으로 확장된 예술 조명

과거 예술 조명은 공연장이나 전시장 같은 특수한 공간에 머물렀다. 그러나 오늘날, 인공지능 기술과 결합을 통해 조명은 일상 공간 속으로 확장되며 예술과 삶의 경계를 새롭게 정의하고 있다.

AI 기반 생활 조명은 사용자의 행동 · 감정 · 생체 신호를 분석하여 그 순간의 상태에 맞는 맞춤형 빛을 생성한다. 퇴근 후 집에 들어서면 조명이 따뜻한 색온도로 전환되어 심리적 안정을 돕고, 운동을 시작하면 심박수와 리듬에 따라 역동적인 빛으로 변화한다. 이러한 기술은 단순한 편의성을 넘어, 일상의 행위를 예술적 순간으로 승화시키는 매개체로 작동한다.

교육과 치유의 영역에서도 새로운 가능성이 열리고 있다. 일본의 팀랩은 학생들의 움직임 · 목소리를 조명으로 시각화하며 학습 몰입과 창의성을 자극하는 인터랙티브 수업을 실험했고 미국 UC 샌디에이고의 LIGHT 팀은 환자의 심박과 호흡 리듬을 조명에 반영해 불안을 완화하고 회복을 돕는 힐링 라이트(healing light) 프로그램을 운영하고 있다.

조명이 일상 속에서 치유와 학습의 언어로 확장되는 동시에, 개인의 행동 패턴과 생체 정보가 지속적으로 수집되면서 데이터 윤리와 개인정보 보호라는 새로운 과제가 제기되고 있다. 궁극적으로 일상으로 확장된 예술조명은 빛의 민주화를 의미하며, 인간 중심의 감성 기술이 구현되는 미래의 풍경을 제시한다.

삶과 예술의 창의적 비전

AI는 방대한 데이터와 알고리즘을 통해 인간의 감정, 환경, 행동 패턴을 읽고 이를 빛의 서사로 변환한다. 이 과정에서 조명은 단순한 시각 장치를 넘어, 일상의 장면을 예술적 퍼포먼스로 전환하는 매개체로 진화한다. 예를 들어 주방의 조명이 요리의 리듬에 맞춰 색과 밝기를 바꿀 때 평범한 식사 시간은 빛의 공연으로 재해석되고, 화상회의 배경 조명이 사용자의 표정과 목소리 톤에 따라 변할 때 일상의 디지털 공간은 빛으로 그려진 초상화의 무대가 된다. 이처럼 빛은 인간의 일상을 예술의 무대로 바꾸고, 삶 자체를 미학적 경험으로 변화시킨다.

이러한 창조적 비전은 개인의 영역을 넘어 공공 공간과 공동체 문화로 확산되고 있다. 뉴욕과 런던의 슈퍼블루 전시는 관람객의 움직임과 시선을 실시간으로 감지해 공간 전체를 참여형 퍼포먼스로 재구성하며, 팀랩은 학생의 목소리와 제스처 데이터를 기반으로 교실 조명을 변화시켜 몰입형 학습 예술을 실험하고 있다. 이러한 시도들은 기술적 정확성과 인간의 감성이 결합될 때 빛이 사회적 공감의 언어로 기능할 수 있음을 보여 준다.

AI 기반 조명이 제시하는 이 창조적 비전은 곧 예술의 민주화를 의미한다. 과거 특정 전문가나 제한된 공간에서만 가능했던 예술적 경험이 이제는 가정, 거리, 교실에서도 누구나 누릴 수 있는 일상의 예술로 확장되고 있다. 빛은 사회적 관계와 감각을 매개하는 공공의 언어로 작동하며, 예술은 소수의 전유물이 아닌 모두의 일상적 체험으로 자리 잡고 있다.

그러나 이러한 변화는 동시에 데이터 윤리와 문화적 다양성의 과제를 수반한다. 개인의 생체 정보와 행동 패턴이 지속적으로 수집되는 환경에서 기술적 정밀성과 인간의 자유, 프라이버시 보호의 균형이 필요하다. 빛이 인간의 감정을 통제하지 않고 해석할 때, 그리고 기술이 예술을 대체가 아닌 확장의 방향으로 발전할 때, 조명은 비로소 삶을 해석하고 비추는 매체로 거듭난다.

참고문헌

김용규(2012). 《조명 연출》. 커뮤니케이션북스.

Green, J. & Chapman, C.(2021). The Aesthetics of Everyday Illumination: How Interactive Lighting Shapes Domestic Experience.

Kenderdine, S.(2022). Embodied museography: Immersive experience and the future of digital performance. Proceedings of the IEEE, 110(1), 125~141.

Kim, H., & Kim, S.(2023). AI-driven lighting control for immersive extended reality stages. International Journal of

Contents, 19(2), 45~58.

McCormack, J. et al.(2019). Autonomy, authenticity, creativity: Investigating artistic agency in human-AI systems. In Proceedings of the 12th ACM Conference on Creativity and Cognition (pp. 422~427).

Tsai, Y.-C., & Lin, C.-T.(2024). Real-time emotion recognition for adaptive concert lighting systems using deep neural networks. IEEE Access, 12, 15432~15448.

Yang, X., & Chen, X.(2023). AI-mediated creativity: Human-machine co-creation in interactive art and everyday design. International Journal of Human-Computer Interaction, 39(8), 1642~1655.

Zhao, Z. et al.(2025). Automatic Stage Lighting Control: Is It a Rule-Driven Process or Generative Task?. arXiv:2506.01482.

09

미래 인터페이스와 빛의 진화

AI와 센서 기술의 융합은 빛을 지능형 인터페이스로 변화시키고 있다. 미래의 조명은 인간의 감각과 도시, 자연 생태계가 연결된 네트워크 속에서 스스로 판단하고 반응하는 존재가 된다. 빛은 감정과 환경을 동시에 읽으며 생태적 균형을 설계하는 매개체로 작동한다. 또한 기술의 진보가 인간 중심의 윤리와 어떻게 공존할 것인가가 새로운 과제로 제시된다. 이 장은 빛이 기술 · 생태 · 윤리를 아우르며 진화하는 미래의 방향을 제시한다.

AI와 기자?

지능형 광원과 차세대 기술

지능형 광원은 더 이상 단순히 빛을 내는 장치가 아니라, 인간과 환경을 동시에 감지하는 감각 인터페이스로 진화하고 있다. 심박수 · 뇌파 등 생체 데이터와 온도, 소음, 공기질 등의 환경 변수를 실시간으로 읽어 색온도 · 밝기 · 패턴을 즉시 조정함으로써 집중력과 심리적 안정을 향상시킨다.

이러한 변화의 중심에는 양자점(Quantum Dot) LED, 레이저 조명, 유기 발광 다이오드(organic light-emitting diode, OLED)와 같은 차세대 광원 기술이 있다. 양자점 LED는 색 재현력과 에너지 효율을 극대화하고, 레이저 조명은 초정밀 제어와 초고출력을 가능하게 하며, OLED는 유연한 구조와 섬세한 빛의 표현을 구현한다. 여기에 라이 파이(Light-Fidelity, Li-Fi) 기술이 결합되면 빛은 단순한 광원이 아니라 정보 매개체로서 미래 도시의 데이터 네트워크로 기능하게 된다.

이러한 지능형 조명은 도시, 예술, 산업 전반에서 인간과 공간의 관계를 새롭게 재편하고 있다. 뉴욕의 메트로폴리탄 오페라(Metropolitan Opera)는 장면별 감정 톤에 따라 조명을 자동 조정하는 AI 분석 시스템을 도입했고, 실리콘밸리의 웰니스 오피스 조명은 생체 리듬에 맞춘 조도 제어를 통해 집중력과 생산성을 높이고 있다. 이처럼 빛은 이제 신체와 감정, 공간의 리듬을 하나로 엮는 유기적 존재로 변화하고 있다.

그러나 지능형 광원의 확산은 프라이버시 보호, 에너지 관리, 지속 가능성, 알고리즘 편향 등 새로운 사회적·윤리적 과제를 동반한다. 생체 데이터가 조명의 핵심 요소로 활용되는 만큼, 투명한 관리 체계와 국제 표준, 그리고 인간 중심의 신뢰 구조가 필수적이다. 결국 지능형 광원은 단순한 기술 혁신이 아니라, 예술·생활·기술·생태계를 잇는 새로운 언어이자 윤리 체계다. 빛은 인간·자연·기술이 조화롭게 공존하는 문화적 패러다임의 디자이너로 자리 잡고 있으며, 그 방향은 감정과 윤리를 중심에 둔 인간 중심 기술로 수렴하고 있다.

데이터의 환각과 빛의 진실

AI는 방대한 데이터를 학습하며 인간의 감정을 예측하고, 그 결과를 빛의 형태로 표현한다. 음악의 리듬과 배우의 움직임, 관객의 반응을 분석해 조명의 색과 밝기, 속도를 자동으로 조정하는 시스템은 이미 공연과 방송 현장에서 현실이 되었다. 그러나 이러한 기술이 감정을 완벽히 이해한다고 말하기는 어렵다. AI가 계산한 감정은 인간이 느끼는 감정의 복제물에 불과하며, 때로는 현실과 어긋나는 감정의 환영(illusion)을 만들어 낸다. 이 오류는 단순한 기술적 한계를 넘어, 지각의 문제이자 AI가 만들어 내는 환각(hallucination)의 한 형태다.

언어 모델이 존재하지 않는 사실을 만들어 내듯, 조명 속의 인공지능 역시 감정의 환각을 만든다. 감정 인식 알고리즘이 얼굴 데이터를 잘못 해석하거나, 특정 문화의 감정 표현에 기반한 모델이 다른 지역의 감정을 오독할 때, 빛은 감정을 '반영'하는 것이 아니라 감정을 왜곡한다. 즉, 기술의 정밀함이 오히려 예술의 본질을 흐리게 만드는 것이다.

조명은 본래 인간의 감각과 상상력이 결합된 예술의 언어였다. 그러나 인공지능이 이 언어를 계산의 구조로 번역하기 시작하면서, 우리는 새로운 질문 앞에 선다. 빛은 어디까지 진실을 드러낼 수 있는가? 인간은 빛을 통해 세계를 인식하지만, AI는 데이터를 통해 빛을 해석한다. 이 두 방식이 만나는 지점에서 기술은 정확성을 추구하지만, 인간은 여전히 불완전함 속에서 진실을 본다. 그러므로 감정을 단순히 수치로 환원하기보다는, AI 기반 조명이 인간의 해석과 공감을 거쳐 예술적 의미를 회복하도록 이끌어야 한다.

AI 기반 조명은 인간의 해석과 공감을 통해 다시 의미를 회복해야 한다. 그것이 데이터의 환각을 넘어 진실의 빛으로 나아가는 과정이다. AI가 계산한 빛은 현실을 시뮬레이션하지만, 그 의미를 부여하는 주체는 여전히 인간이다.

우리가 보고 있는 이 빛은 과연 진짜 현실인가, 아니면 알고리즘이 만들어 낸 환상인가? 그 질문에 대한 탐구야말로 미래의 조명이 열어갈 새로운 예술적 지평, 곧 인간과 AI가 함께 진실을 창조하는 예술의 장이다.

도시와 자연 생태계의 조화

과거의 도시 조명은 인간의 안전과 편의를 위한 기술로 설계되었다. 오늘날의 조명은 인간 중심적 관점을 넘어, 자연 생태계와의 공존을 지향하는 새로운 단계로 진화하고 있다.

네덜란드 뉴크오프(Zuidhoek-Nieuwkoop) 마을은 박쥐의 이동 경로를 고려한 박쥐 친화형 LED 가로등을 설치하여 야행성 생물의 활동을 방해하지 않으면서도 도시의 안전을 유지하고 있다. 이러한 생태 감응형 조명은 인간의 시각적 요구와 동물의 생물학적 리듬을 동시에 존중하는 새로운 도시 조명 모델로 평가받고 있다. 일본 도쿄 시부야구(Shibuya Ward)는 청색광 저감 정책을 도입하여 곤충 생태와 시민의 수면 리듬을 함께 고려한 조명 환경을 실험 중이며, 호주의 일부 해안 지역에서는 바다거북 산란기에 맞춰 해변 조명의 스펙트럼을 조정하는 시도가 이루어지고 있다. 이러한 사례들은 AI와 IoT 기반의 도시 조명 시스템이 인간의 편의뿐 아니라 자연의 리듬을 학습하고 제어하는 방향으로 발전하고 있음을 보여 준다.

싱가포르의 스마트네이션 프로젝트와 뉴욕시의 데이터 기반 조명 관리 시스템은 교통 · 환경 · 에너지 데이터를 통합하여 도시의 감각적 리듬을 제어하는 기반을 마련하고 있다. 그러나 생태 데이터를 포함한 완전한 AI 통합 제어 시스템은 아직 연구와 실험 단계에 있으며, 데이터 투명성, 유지 비용, 기술 격차 등의 과제가 남아 있다.

궁극적으로 도시와 자연 생태계를 잇는 조명 디자인은 단순한 에너지 효율을 넘어, 인간과 생명이 공존하는 윤리적 기술의 빛이라 할 수 있다. 낮에는 태양이 도시를 비추고 밤에는 인공조명이 그 역할을 이어받는 이 순환적 구조 속에서, 빛은 인간의 안락함과 생태계의 호흡을 함께 존중하는 균형의 언어로 작동한다. AI 시대의 조명은 더 이상 인간의 도구가 아니라, 도시 · 자연 · 기술 ·

생명이 함께 호흡하는 리듬을 설계하는 존재로 나아가고 있다.

AI 기반 조명 생태계의 윤리 원칙

AI 기반 조명 생태계에서 윤리적 설계는 기술적 정밀성에 필적하는 필수 조건이다. 조명 시스템이 다루는 데이터는 얼굴, 표정, 심박수 등 고도의 개인 생체 정보를 포함하기 때문에, 모든 기술 개발은 인간의 존엄과 신뢰를 기반으로 해야 한다.

이 생태계를 지탱하는 4대 윤리 원칙은 다음과 같다.

첫째, 개인정보 보호의 원칙이다. 조명 시스템이 수집하는 모든 생체 정보는 명확한 사전 동의 절차를 거쳐야 하며, 데이터의 저장 · 활용 · 삭제 과정은 투명하게 관리되어야 한다. 이는 인간의 프라이버시를 침해하지 않기 위한 기술적 · 법적 안전장치의 확립을 의미한다.

둘째, 편향 제거와 포용성의 원칙이다. AI 학습 데이터가 특정 인종, 문화, 감정 표현 방식에 편향되어 있다면 조명 결과 역시 왜곡될 수 있다. 따라서 다양한 피부색, 문화적 상징, 감정 표현을 반영한 문화 감응형 데이터세트를 기반으로 설계해야 한다. 빛은 누구의 정체성도 배제하지 않는 보편적 언어여야 한다.

셋째, 지속 가능한 에너지 윤리다. 조명은 단순한 소비 장치가 아니라, 탄소 감축과 생태 보존을 연결하는 지속 가능한 에너지 순환 시스템으로 설계되어야 한다. 기술 효율성보다 중요한 것은 생태계와 공존하며 남기는 빛의 환경적 가치와 윤리적 흔적이다.

넷째, 인간과 기계 협력의 투명성이다. AI가 조명 결정을 내리더라도 최종 판단과 책임은 인간에게 있어야 한다. 인간과 기계의 협력 구조는 정보의 투명한 공개와 사회적 합의 위에서 이루어져야 하며, 이러한 투명성이 기술을 창조의 파트너로 머물게 한다. 이 네 가지 윤리 원칙은 제약이 아니라, AI 기반 조명이 인간의 감성과 가치를 확장하는 예술적 존재로 성장하기 위한 기반이다. 기술 혁신은 윤리적 균형 위에서만 사회적 신뢰와 지속 가능한 발전을 이룰 수 있다.

따라서 미래의 AI 기반 조명이 지닌 참된 의미는 기술의 찬란함이 아니라 윤리의 빛에 있다. 그것은 인간과 기계, 사회와 생태를 잇는 도덕적 언어이며, 빛은 그때 비로소 기능을 넘어선 존재, 공존과 성찰의 매개체로 거듭난다.

참고문헌

Falchi, F. et al.(2016). The New World Atlas of Artificial Night Sky Brightness. *Science advances, 2*(6).

Jobin, A. et al.(2019). The Global Landscape of AI Ethics Guidelines. *Nature Machine Intelligence, 1.*

Ji, Z., & Zhu, S.(2024). AI hallucination and visual trust: A critical review of generative perception models. Visual Intelligence, 2(1), 12~28.

Kyba, C. C. M., et al.(2023). Light pollution and ecosystem disruption: Strategies for AI-based sustainable lighting. Sustainability, 15(4), 3122.

Lee, S., & Yoon, J.(2023). Quantum dot and laser-based intelligent lighting systems: Convergence of efficiency, precision, and emotional adaptation. Journal of Luminescence & Display Technology, 11(2), 88~103.

Raji, I. D., & Buolamwini, J.(2022). Actionable auditing: Investigating the ethics of AI systems in visual recognition. Journal of Artificial Intelligence Research, 74, 115~136.

Zhang, Q., & Li, H.(2022). Integration of Li-Fi communication and AI-based illumination control in smart environments. IEEE Communications Magazine, 60(5), 78~84.

Zhang, Y., & Shen, X.(2023). Hallucinated realities: The aesthetics and risks of artificial perception in visual media. Journal of Visual Culture & Technology, 12(3), 201~218.

10
공존의 시작, AI와 미래의 빛

AI와 인간의 협업은 이제 기술의 영역을 넘어 예술과 존재의 관계로 확장되고 있다. 미래의 빛은 인간의 감성과 기계의 지능이 조화를 이루며, 기술 · 예술 · 환경이 융합된 새로운 생태계를 만들어 낸다. 조명은 단순히 세상을 비추는 도구가 아니라, 인간과 인공지능이 함께 세계를 해석하고 공존을 설계하는 매개체가 된다. 이 장은 공존의 빛이 만들어 낼 미래 사회의 역할과 그 의미를 조망한다.

AI와 미래 의사?

인간과 기계의 협업 모델

오랫동안 조명은 인간의 감각과 상상력에 의해 다루어져 왔다. 그러나 인공지능의 등장 이후, 조명은 더 이상 인간만의 영역이 아니라 인간과 기계가 협력하여 창조하는 새로운 무대로 확장되고 있다. 이 무대에서 인간은 직관과 예술적 통찰을 제공하고, AI는 방대한 데이터 분석을 통해 정확성과 새로운 시각적 가능성을 제시한다. 이 관계는 단순한 보조가 아니라, 서로의 한계를 보완하며 새로운 예술 언어를 창조하는 공명적 협력 구조다.

이러한 변화는 이미 세계 공연 및 영상 제작 현장에서 진행 중이다. 런던 웨스트엔드와 브로드웨이의 일부 제작팀은 AI 시뮬레이션이 제안한 색상 팔레트와 조도 변화를 참고하여 장면의 감정선과 전환의 일관성을 높이고 있다.

디즈니와 ILM은 AI 기반 조명 시뮬레이션과 물리 기반 렌더링을 결합해 세트 촬영과 후반 작업의 조명 톤을 일치시킴으로써 그 어느 때보다 현실적이면서도 감성적인 장면을 구현하고 있다. 이 협업은 인간의 예술적 의도와 알고리즘의 정밀 계산이 결합된 형태로, 조명을 단순한 기술이 아닌 감성 알고리즘으로 변화시킨다.

그러나 인간과 AI의 협력은 윤리적 성찰 위에서 이루

어져야 한다. 배우와 관객의 얼굴, 감정, 생체 신호와 같은 민감한 데이터가 사용되는 만큼, 데이터 이용의 투명성이 보장되어야 하며, 인간의 창의적 주도권이 존중되지 않는다면 AI는 예술의 동반자가 아니라 통제의 도구로 전락할 위험이 있다. 진정한 협력의 핵심은 기술적 정확성과 인간적 자율성의 균형에 있다.

결국, 인간과 기계의 협력은 직관 · 데이터 · 감정 · 알고리즘이 공존하는 새로운 예술 생태계의 탄생을 의미한다. 다가오는 시대의 빛은 단순한 기술의 산물이 아니라, 인간과 기계가 서로의 언어를 배우고 공명하는 서사적 공간이 될 것이다. 이때 조명은 인간의 감성과 기계의 이성이 함께 써 내려가는 감각의 문장, 즉 예술과 기술이 공존하는 공창(Co-creation)의 빛으로 존재한다.

기술·예술·환경의 융합

인공지능 기반의 조명은 이제 단순한 빛의 근원이 아니다. 그것은 도시와 인간, 그리고 생태계를 연결하는 감각적 인터페이스로 진화하고 있다. 이 빛은 도시의 흐름을 읽는 디지털의 눈이자, 인간의 감정에 공명하는 공감의 언어로 작동한다.

스마트 시티 조명 시스템은 교통량, 범죄 발생률, 기

상 데이터 등을 실시간으로 분석하여 도시의 안전을 향상시키지만 동시에, 시민의 위치 정보나 생체 데이터를 수집함으로써 프라이버시 침해와 감시의 위험을 내포하고 있다. 헬싱키, 바르셀로나, 싱가포르의 스마트 네이션 프로젝트는 이러한 기술이 안전과 통제, 효율성과 윤리의 경계 위에서 작동하고 있음을 보여 준다.

한편, 공연장의 조명이 관객의 심박수나 환호의 리듬에 따라 색과 밝기를 변화시키고, 병원 조명 시스템이 환자의 생체 리듬에 맞춰 심리적 안정과 회복을 유도하는 사례는 빛이 인간의 감정과 생리적 리듬에 공명하는 공감의 매개체임을 증명한다. 이렇게 AI 기반 조명은 보호와 감시, 공감과 통제라는 두 얼굴을 지닌 존재이며, 그 윤리적 성격은 기술이 아니라 그 기술을 사용하는 인간의 방향성에 달려 있다.

동시에 AI 기반 조명은 예술과 산업 전반에 혁신을 불러오고 있다. 확장현실과 결합된 몰입형 조명은 관객을 수동적 관람자에서 능동적 참여자로 변화시키며, 공연장 · 전시 공간 · 도시 공간을 감각적 경험의 장으로 전환시킨다. 캐나다 모멘트 팩토리와 일본 팀랩은 인간의 움직임과 감정 데이터를 시각 언어로 번역하여 기술과 예술의 경계를 허무는 대표적 사례로 평가받는다. 또한 조명은 이제 지속 가능성과 긴밀히 결합되어 있다. 인공지능은 태양광과 풍력 등 재생 에너지 시스템과 연동되어 생태계의 리듬을 고려한 밝기와 색온도 조절을 수행한다. 덴마크의 코펜하겐과 스페인의 바르셀로나는 AI 기반 태양광 조명 생태계를 구축하여 탄소 배출을 줄이고 환경 윤리를 실천하는 도시 조명 모델을 제시하고 있다.

궁극적으로 기술 · 예술 · 환경의 융합은 조명이 단순한 인간 중심의 편의 기술을 넘어 지구 생태계와 공존하는 윤리적 존재로 변모하고 있음을 의미한다. 미래의 빛은 더 이상 사물을 밝히는 기능에 머물지 않고, 인간의 감정과 기술의 지성, 자연의 숨결이 하나로 공명하는 윤리의 지평으로 남을 것이다.

미래 사회에서 빛의 역할

인공지능 기반 조명은 더 이상 단순한 기술 장비가 아니라, 미래 사회의 질서를 설계하는 핵심 언어로 자리 잡고 있다. 이러한 변화는 지능성, 소통성, 지속 가능성, 감성 복지라는 네 축을 따라 확장되고 있다.

첫째, 지능형 공공 서비스로서의 빛이다. 스마트 시티의 조명 시스템은 이제 도시의 생명 반응체로 작동한다. AI는 교통량, 인구 밀도, 범죄 위험 지역 등 실시간 데이터를 분석해 도시의 안전과 에너지 균형을 유지한다. 헬싱키, 싱가포르, 바르셀로나의 스마트 조명은 시간대와 상황에 따라 자동으로 조도와 색온도를 조절하고, 긴급 상황에서는 즉각 반응하는 지능형 네트워크로 운영된다. 이때 빛은 도시의 지능적 맥박이자, 시민의 안전과 삶을 지탱하는 공공 인프라로 존재한다.

둘째, 사회적 소통과 공동체 문화의 매개로서의 빛이다. 빛은 이제 공동체의 언어이자 문화적 상징이 되고 있다. 축제나 스포츠 경기, 공공 행사에서 도시 전체의 조명은 공동체의 정체성과 감정을 표현하는 거대한 캔버스로 변한다. AI가 군중의 리듬, 움직임, 환호를 분석하여 조명을 실시간으로 변화시킬 때, 도시는 참여형 예술 공간으로 변모하고, 빛은 사회적 연대와 집단적 공감의 시각 언어로 기능한다.

셋째, 지속 가능성과 생태 보존의 책임이다. 무분별한 야간 조명은 인간의 수면 리듬을 교란시키고, 조류와 곤충의 생태계를 파괴한다. 이에 따라 미래의 조명은 에너지 효율, 탄소 감축, 생명 주기 존중을 고려한 윤리적 매체로 진화하고 있다. 네덜란드 암스테르담은 박쥐의 이동 경로에 맞춰 가로등의 파장을 조정하고, 일본 시부야는 블루라이트 저감 정책을 통해 인간의 수면과 곤충 생태를 동시에 보호하고 있다. 이러한 조명은 인간의 편의보다 지속 가능한 생명의 질서를 우선시하는 윤리적 조명이다.

넷째, 감성 복지를 위한 빛이다. 사무실, 학교, 병원 등에서 AI 기반 조명은 사용자의 생체 리듬과 심리 상태를 분석하여 집중력을 높이고, 긴장을 완화하며, 회복을 돕는다. 일본 도쿄여자의과대학과 네덜란드 필립스 라이팅의 연구는 조명이 스트레스 완화와 학습 효율 향상에 기여함을 보여 준다. 이처럼 빛은 인간의 정신적 안정과 삶의 질을 관리하는 공공 복지 인프라로 기능한다.

이러한 흐름의 결과, 미래 사회의 빛은 단순히 공간을 밝히는 기능을 넘어, 공공성 · 공감 · 지속 가능성 · 감성 복지를 아우르는 인간 생활과 도시 질서를 재설계하는 사회적 언어로 남게 될 것이다. 그때의 빛은 인간, 사회, 생태계를 연결하는 윤리적 인프라로 작동하며, 공간이 아니라 공존의 의식을 비추는 새로운 존재로 자리할 것이다.

공존의 미래와 빛

인공지능 기반 조명은 이제 단순한 효율과 편의의 도구를 넘어, 인간 · 도시 · 자연의 공존을 설계하는 핵심 매개체로 진화하고 있다.

스마트 시티에서 조명은 더 이상 거리를 비추는 장치가 아니라, 도시 전체를 연결하는 신경망적 인프라로 작동한다. AI는 교통량, 보행자 흐름, 기상 데이터, 범죄 위험 지수 등을 실시간으로 분석하여 가로등의 밝기와 색온도를 자동 조절한다. 이러한 시스템은 단순히 에너지를 절감하고 안전을 강화하는 차원을 넘어, 시민의 정서적 경험과 도시의 감성 리듬까지 고려한다. 스페인 바르셀로나의 스마트 라이팅 프로젝트와 싱가포르의 스마트네이션 이니셔티브는 이러한 가능성을 가장 잘 보여 주는 대표 사례다.

동시에 빛은 예술과 자연의 공존을 매개하는 감성적 언어로 작동한다. 공연 예술에서는 AI가 배우의 대사, 움직임, 음악의 리듬을 분석해 조명을 자동 전환함으로써, 관객에게 새로운 형태의 몰입 경험을 제공한다. 이 과정에서 빛은 인간의 감정을 해석하는 예술적 주체이자, 생태계를 고려하는 윤리적 장치로 기능한다. 즉, 조명은 인간의 무대를 비추는 동시에 자연의 호흡과 리듬을 존중하는 공존의 매체로 확장된다.

그러나 진정한 공존의 미래는 단순한 기술적 자동화로 완성되지 않는다. AI는 데이터를 학습해 최적의 패턴을 제안할 수 있지만, 그 빛이 담아야 할 의미와 맥락을 결정하는 것은 인간의 상상력과 가치 판단이다. 기술은 질서를 만들 수 있으나, 의미를 창조하는 것은 인간의 몫이다.

따라서 미래의 공존은 도시와 자연, 인간과 기계, 기술과 예술이 서로의 역할을 인식하고 조화를 이루는 과정 속에서 실현된다. 빛은 그 조화의 언어이자, 문화적 기억과 윤리적 약속을 담은 매체다.

AI가 만들어갈 빛의 미래는 더 이상 막연한 호기심의 대상이 아니다. 그것은 우리가 직접 이끌고 증명해 나가야 할 실험의 무대다. 완벽한 전문가도, 무결한 빛도 존재하지 않는 이 세상에서, AI는 완성된 해답이 아니라 우리와 함께 진화하는 파트너이기 때문이다.

조명의 본질이 빛과 색에 대한 치열한 고뇌 속에 있다면, 이제 우리의 과제는 AI의 정교한 계산력을 인간 감각의 언어로 치환해 내는 것이다.

AI가 제시하는 방대한 선택지 속에서, 결국 어둠을 밝힐 마지막 감성을 결정하는 것은 온전히 당신의 몫이다.

참고문헌

김용규(2025). 《영상 조명과 인공지능》. 커뮤니케이션북스.

김용규(2025). “[특별기고] 빛과 AI의 만남”. 투데이신문.
Bergh, A. V. D., & Claes, S.(2021). Eco-aesthetics in interactive light art: Sustainability through technological expression. Leonardo, 54(4), 382~388.
Boyce, P. R.(2021). Lighting for the future: The intersection of technology, well-being, and society. LEUKOS, 17(2), 113~115.
Candy, L., & Edmonds, E.(2022). The hybrid studio: Integrating art, science, and technology for sustainable futures. International Journal of Design, 16(3), 1~12.
Dellermann, D. et al.(2019). The Future of Human-AI Collaboration: A Taxonomy of Design Knowledge for Hybrid Intelligence Systems. *Proceedings of the 52nd Hawaii International Conference on System Sciences.*
Floridi, L., & Cowls, J.(2021). A unified framework of five principles for AI in society: Opportunities, risks, principles, and coexistence. In Ethics, Governance, and Policies in Artificial Intelligence (pp. 5~17). Springer, Cham.
Gago, E. J. et al.(2022). Lighting as a public health infrastructure: The role of human-centric and adaptive systems in future cities. Sustainable Cities and Society, 78, 103632.

김용규

MBC플러스 조명감독이다. 서울과학기술대학교에서 석사, 박사 학위를 받았다. 1993년 MBC 그룹에 입사해 30년 넘게 조명을 담당했다. 서울과학기술대학교 겸임교수로 조명연출론, 조명공학을 가르쳤다. 국가직무능력표준(NCS) '영상 조명'에 참여했다(2013). 저서로는 《방송 조명》, 《촬영 조명 실무》, 《조명 연출》, 《NCS기반 학습모듈 개발·영상조명》, 《디지털 영상 조명》, 《영상 조명과 인공지능》 등이 있다. "방송 조명에서 색온도가 영상에 미치는 영향 분석" 등의 논문을 한국방송·미디어공학회에 게재했다.